Projectmanagement voor opdrachtgevers
5de druk

Andere uitgaven bij Van Haren Publishing

Van Haren Publishing (VHP) is gespecialiseerd in uitgaven over Best Practices, methodes en standaarden op het gebied van de volgende domeinen:
- IT en IT-management;
- Enterprise-architectuur;
- Projectmanagement, en:
- Businessmanagement.

Deze uitgaven zijn beschikbaar in meerdere talen en maken deel uit van toonaangevende series, zoals *Best Practice, The Open Group series, Project management* en *PM series*.

Op de website van Van Haren Publishing is in de **Knowledge Base** een groot aanbod te vinden van whitepapers, templates, gratis e-books, docentenmateriaal etc. Ga naar www.vanharen.net.

Van Haren Publishing is tevens de uitgever voor toonaangevende instellingen en bedrijven, onder andere: Agile Consortium, ASL BiSL Foundation, CA, Centre Henri Tudor, Gaming Works, IACCM, IAOP, IPMA-NL, ITSqc, NAF, Ngi, PMI-NL, PON, The Open Group, The SOX Institute.

Onderwerpen per domein zijn:

IT en IT-management	Architecture (Enterprise en IT)	Project-, Programma- en Risicomanagement
ABC of ICT™	ArchiMate®	A4-Projectmanagement
ASL®	GEA®	ICB / NCB
CATS CM®	Novius Architectuur Methode	ISO 21500
CMMI®	TOGAF®	MINCE®
COBIT		M_o_R®
e-CF	**Business Management**	MSP™
ISO 17799	BiSL®	P3O®
ISO/IEC 27001/27002	EFQM	*PMBOK® Guide*
ISO/IEC 20000	eSCM	PRINCE2®
ISPL	IACCM	
IT Service CMM	ISA-95	
ITIL®	ISO 9000/9001	
MOF	OPBOK	
MSF	SAP	
SABSA	SixSigma	
	SOX	
	SqEME®	

Voor een compleet overzicht van alle uitgaven, ga naar onze website: www.vanharen.net

Projectmanagement voor opdrachtgevers

De vier principes van succesvol opdrachtgeverschap

5de druk

Michiel van der Molen

Colofon

Titel:	Projectmanagement voor opdrachtgevers
Ondertitel	De vier principes van succesvol opdrachtgeverschap
Auteur:	Michiel van der Molen
Redactie:	Harry Ousen
Uitgever:	Van Haren Publishing, Zaltbommel, www.vanharen.net
ISBN Hard copy:	978 90 8753 734 0
ISBN eBook:	978 90 8753 776 0
Druk:	Eerste druk (*Hoe haal ik het beste uit mijn project? Prince2 voor opdrachtgevers*), 2003 (Lemma)
	Tweede druk (*Hoe haal ik het beste uit mijn project? Prince2 voor opdrachtgevers*), 2005 (Lemma)
	Derde druk (*Prince2 voor opdrachtgevers*), 2007 (Van Haren Publishing)
	Vierde druk (*Prince2 voor opdrachtgevers*), 2009 (Van Haren Publishing)
	Vijfde druk (*Projectmanagement voor opdrachtgevers*) november 2013
Lay-out en ontwerp:	CO2 Premedia, Amersfoort
Illustraties binnenwerk en omslag:	Johan van Zanten, Studio Noord – Amsterdam, www.studionoord.net
Copyright:	© Van Haren Publishing, 2013

Hoofdstuk 4 is met toestemming van de uitgever overgenomen uit: Molen, Michiel van der, *Waarom doen we dit eigenlijk? De businesscase als succesfactor van projecten*, 2de druk (Van Duuren Management, 2013).

Voor verdere informatie over Van Haren Publishing, e-mail naar: info@vanharen.net.
Niets uit deze uitgave mag worden verveelvoudigd en/of openbaar gemaakt door middel van druk, fotokopie, microfilm, of op welke wijze ook, zonder voorafgaande schriftelijke toestemming van de uitgever.
No part of this publication may be reproduced in any form by print, photo print, microfilm or any other means without written permission by the publisher.

Hoewel deze uitgave met veel zorg is samengesteld, aanvaarden auteur(s) noch uitgever enige aansprakelijkheid voor schade ontstaan door eventuele fouten en/of onvolkomen heden in deze uitgave.

Dankwoord

Ik ben veel mensen dank verschuldigd voor hun bijdrage aan de totstandkoming van dit boek.

Ik dank als eerste Ad van den Akker voor de professionele begeleiding en waardevolle advisering bij het opstellen van de oorspronkelijke versie van dit boek.

Conceptversies van één of meer van de eerste vier drukken van dit boek zijn becommentarieerd door de volgende personen: Ad van den Akker, Martin de Boer, Paul Bogerd, Pritam Chita, Jos Dams, Brigit Darlang, Peter Deadman, Stephen Edwards, Alvin Gardiner, Ross Garland, Herman Hanekamp, Karen Harland, Dick La Haye, Wil Hendrickx, Peter Keneghan, Peter Koers, Andy Murray, Kim van Oorschot, Albert Peek, Henny Portman, Reynier Pronk, Sylvie Rath, Wim Vleeskens en David EJ Wilson.

Voor de vijfde druk heeft een ingrijpende revisie van het boek plaatsgevonden. Brigit Darlang, Alette Faber, Henny Portman, Reynier Pronk, Rob Schepens, Maarten Speet en Luc van Veggel gaven waardevolle adviezen over de aanpassing van de principes van succesvol opdrachtgeverschap, resulterend in een eenvoudiger en krachtiger model met vier principes. Arja Hilberdink, Eva van der Molen en Hans van der Molen gaven zeer nuttig commentaar op een conceptversie van de tekst. Anton Zandhuis, mede-auteur van *ISO 21500 – A Pocket Guide*, toetste de correctheid van de uitspraken over ISO 21500.

Voorwoord

Ter gelegenheid van de vijfde druk heb ik dit boek ingrijpend herzien. De vierde druk dateert van vier jaar geleden en ik had de behoefte om recente ervaringen uit mijn trainings- en advieswerk te verwerken. Dit heeft onder andere geresulteerd in meer aandacht voor de menselijke factor in projecten. Het model van de vijf principes van succesvol opdrachtgeverschap bleek in de loop der jaren beter en eenvoudiger te kunnen door de principes kernachtiger te verwoorden, in te dikken tot vier principes en te visualiseren als 'kwadrantpiramide' met een logische opbouw.

Een tweede reden voor een ingrijpende herziening is het samen met de uitgever genomen besluit om het boek op een bredere doelgroep te richten. De voorgaande drukken waren gericht op de Prince2-markt onder de titel *Prince2 voor opdrachtgevers*. Prince2 is intussen zeer breed aanvaard in de markt en begrippen die enkele jaren geleden nog gezien werden als typische Prince2-begrippen (zoals 'businesscase') hebben intussen algemeen ingang gevonden. En de essentie van Prince2 (het gedeelte dat relevant is voor opdrachtgevers) is vooral een bundeling van ervaring en gezond verstand, die in iedere omgeving toepasbaar is. De titel van het boek is daarom gewijzigd in *Projectmanagement voor opdrachtgevers*. Het boek verwijst waar nodig naar termen en begrippen die specifiek van toepassing zijn in de Prince2-omgeving, zodat het nog steeds goed bruikbaar is bij de (verbetering van de) implementatie van Prince2 in een organisatie.

Ik wil al diegenen die vermeld zijn als adviseur of reviewer zeer hartelijk danken voor hun onmisbare bijdrage aan de totstandkoming van dit boek. Ik sta nog steeds open voor commentaren en suggesties.

Michiel van der Molen, augustus 2013
molen@vdmpa.nl

Inhoud

Dankwoord V
Voorwoord VII
Inleiding XIII

1 DE VIER PRINCIPES VAN SUCCESVOL OPDRACHTGEVERSCHAP 1

1.1   Het eerste principe: deel de businesscase 4
1.2   Het tweede principe: organiseer eigenaarschap 11
1.3   Het derde principe: richt je op producten 25
1.4   Het vierde principe: geef de projectmanager
      verantwoordelijkheid 33
      Omgekeerde samenvatting: de vier principes van *falend*
      opdrachtgeverschap 42

2 DE STUURGROEP NADER BEZIEN 45

2.1   Wie vervult de opdrachtgeversrol? 45
2.2   Wie vertegenwoordigt de gebruikers? 49
2.3   Wie vertegenwoordigt de leveranciers? 51
2.4   Moet een externe leverancier in de stuurgroep? 53
2.5   Overige rollen 55
2.6   De weg naar 'sturen op uitzonderingen' door de stuurgroep 59
2.7   De besluiten van de stuurgroep 61

3 HET AANSTUREN VAN DE PROJECTMANAGER ... 63

3.1 Wie levert de projectmanager? ... 63
3.2 Hoe herken ik een goede projectmanager? ... 65
3.3 Welke concrete bevoegdheden kan ik een projectmanager geven? ... 68
3.4 Hoe voorkom ik dat een projectmanager oncontroleerbaar wordt? ... 72
3.5 Hoe voorkom ik dat een externe projectmanager oncontroleerbaar wordt? ... 76

4 HOE KRIJG IK INZICHT IN DE BATEN? ... 79

4.1 Batenmodellering ... 79
4.2 Batenrealisatie ... 85
4.3 De motiverende kracht van batenmanagement ... 87

5 STUREN OP KWALITEIT ... 91

5.1 Wat is kwaliteit? ... 91
5.2 Wat zijn de verschillende verantwoordelijkheden voor kwaliteit? ... 92
5.3 Met welke instrumenten kan de stuurgroep sturen op kwaliteit? ... 94
5.4 Hoe kan ik gebruikers efficiënt en effectief betrekken bij de realisatie van kwaliteit? ... 99

6 OMGAAN MET ONZEKERHEDEN ... 103

6.1 Hoe zorg ik dat risico's goed beheerst worden? ... 103
6.2 Hoe houd ik een project beheersbaar bij wijzigingen in de specificaties? ... 106
6.3 Hoe richt ik de besturing in als ik bij de start niet weet wat de specificaties zijn? ... 107

7 BEOORDELING VAN DOCUMENTEN ... 111

7.1 Hoe beoordeel ik de kwaliteit van de businesscase? ... 111
7.2 Hoe beoordeel ik de kwaliteit van een plan? ... 113
7.3 Hoe beoordeel ik de kwaliteit van een voortgangsrapportage? ... 115

8 WAAROM EINDIGEN PROJECTEN MEESTAL BOVEN BUDGET EN WAT DOE IK DAARTEGEN? ... 119

8.1	Structureel optimisme	120
8.2	Voortschrijdend inzicht van gebruikers	121
8.3	Eenzijdige invloed van specialisten	122
8.4	Dynamiek in de projectomgeving	122
8.5	Onvoldoende projectbeheersing	123
8.6	Blinde vlekken in het plan	124
8.7	Wet van Parkinson	125
8.8	Vertraging in de besluitvorming	127
8.9	Prijsopdrijving door een leverancier	128

Tot slot ... 129
Woordenlijst ... 131
Literatuurlijst ... 139
Over de auteur ... 141
Index ... 143

Inleiding

■ DE UITDAGING

Als manager heb je niet alleen je operationele verantwoordelijkheden. Gedreven door ontwikkelingen in de maatschappij, economie, markt, technologie of wetgeving ben je ook verantwoordelijk voor het doorvoeren van veranderingen, die elkaar steeds sneller opvolgen. Je besluit een project op te starten en je wilt graag dat dat project een succes wordt, dat je organisatie en zijn stakeholders erop vooruitgaan. De uitvoering van dat project beleg je graag bij anderen, maar zelf blijf je eindverantwoordelijk. Hoe pak je dat nu aan? Daarover gaat dit boek.

■ IS HET WEL EEN PROJECT?

Een project brengt overhead met zich mee. Dat betekent een scheiding van verantwoordelijkheden: je hebt in ieder geval een projectmanager en een opdrachtgever. De een maakt een plan en de ander keurt het goed. Dat loont alleen wanneer er sprake is van voldoende complexiteit en risico om deze overhead te rechtvaardigen. Soms is het handiger om iets gewoon te *doen*. Een vuistregel is: wanneer de staande organisatie in staat is om het zelf te doen, maak er dan geen project van.

Ook voor complexe veranderingen is een projectmatige aanpak niet altijd de juiste. Een projectmatige aanpak is vooral geschikt voor het tot stand brengen van een tastbaar resultaat dat in hoofdlijnen voorspelbaar is, zodat een projectmanager dit conform planning en budget kan opleveren. Denk bijvoorbeeld aan een nieuw gebouw of een aangepast computersysteem. Als de grootste uitdaging schuilt in een verandering van cultuur of gedrag, in verandering in de wijze van samenwerking tussen organisaties, of wanneer het succes van de verandering in belangrijke mate afhangt van de steun van externe partijen met verschillende belangen, dan is het niet realistisch om uit te gaan van een vooraf planbaar resultaat. Een andere veranderkundige benadering is dan waarschijnlijk geschikter: programmamanagement (Van Leeuwen, 2009) of procesregie (Van Oosterhout, 2010).

> **Project**
> Een project is gericht op het leveren en in gebruik nemen van een product (*deliverable*) teneinde een businessdoel te realiseren.

Wanneer je besluit een project op te starten, dan dienen zich tal van vragen aan:
- Hoe krijg ik de opdracht duidelijk, terwijl de omgeving permanent verandert?
- Hoe bereik ik dat belanghebbenden (stakeholders) zich met het doel van het project kunnen verbinden en er een bijdrage aan willen leveren?
- Hoe motiveer ik het budget?
- Welke verantwoordelijkheid geef ik de projectmanager?
- Hoe beoordeel ik een plan?
- Hoe zie ik of voortgangsrapportages betrouwbaar zijn?
- Hoe heb ik grip op kwaliteit zonder in details te verzanden?
- Waarom eindigen projecten zo vaak boven budget en wat kan ik daar als opdrachtgever tegen doen?

Dit zijn vragen waar dit boek antwoord op geeft.

■ WAT IS EEN OPDRACHTGEVER?

De term 'opdrachtgever' wordt in de praktijk op twee manieren gebruikt:
1. Als aanduiding van de persoon, vaak een lijnmanager, die de projectmanager aanstuurt bij de uitvoering van een project ('projectopdrachtgever').
2. Als aanduiding van de organisatie die een opdracht uitbesteedt aan een leverancier ('contractopdrachtgever').

Dit boek gebruikt, tenzij anders vermeld, de term opdrachtgever in de eerste betekenis: een persoon die een projectmanager aanstuurt. Dit boek gaat dus niet over contract- of leveranciersmanagement, al komt de rol van de leverancier binnen de projectorganisatie wel aan de orde.

Wat is nu het wezenlijke verschil tussen een opdrachtgever en andere belanghebbenden? Voor een opdrachtgever is een project een investering. Als opdrachtgever kun je deze investering alleen rechtvaardigen als de baten (positieve financiële en/of niet-financiële effecten) tegen de kosten opwegen. Andere belanghebbenden nemen geen investeringsbeslissing, maar hebben wel voordeel of nadeel ten gevolge van een project.

Een opdrachtgever is actief betrokken bij de projectbesturing en vormt het scharnierpunt tussen de permanente (lijn)organisatie en de tijdelijke (project)organisatie. Dit onderscheidt een opdrachtgever van een 'financier' of 'sponsor', die een project wel als een investering beschouwt, maar zich niet actief met de besturing bezighoudt.

■ UITGANGSPUNTEN VAN DIT BOEK

Wanneer is een project succesvol? Als de projectmanager conform afspraken – over tijd, geld, scope en kwaliteit – het *projectresultaat* oplevert? Dat is niet voldoende. Als het projectresultaat daarna niet wordt gebruikt (in de ruimste zin van het woord: in gebruik genomen, verkocht, verhuurd, beheerd, bewoond enzovoort), dan is het project voor niets geweest. Is een project dan wel succesvol als het resultaat geaccepteerd en gebruikt wordt? Voor een opdrachtgever is dat nog steeds niet voldoende. Een project is een investering en die doe je om bepaalde baten (positieve effecten voor belanghebbenden, al dan niet financieel) te realiseren, bijvoorbeeld financieel rendement, maatschappelijke baten of het voldoen aan wetgeving. Dit is het *businessresultaat*. Pas wanneer je ook dit realiseert, is er sprake van een succes. Vaak kun je dit pas enige tijd na afronding van een project met zekerheid vaststellen.

De verantwoordelijkheid voor dit businessresultaat – inclusief de realisatie van de baten, positieve effecten voor belanghebbenden binnen of buiten de organisatie – kan alleen liggen bij de opdrachtgever. De opdrachtgever is verantwoordelijk voor de investeringsbeslissing, voor het goedkeuren van het plan, voor het aanstellen van de projectmanager, voor de besluitvorming over eventuele wijzigingen van het plan en vooral voor het (doen) realiseren van de baten. Wanneer een project mislukt, dan is het in een organisatie uiteindelijk niet anders dan met andere missers, zoals fraude, milieuschandalen of ernstige kwaliteitsproblemen:

het lijnmanagement is verantwoordelijk. De uitgangspunten van dit boek zijn dan ook:
1. Een project is pas een succes als het businessresultaat gerealiseerd wordt.
2. De opdrachtgever, als vertegenwoordiger van het lijnmanagement, is eindverantwoordelijk voor het succes van een project.

Dit boek helpt je deze verantwoordelijkheid te dragen.

> **En de projectmanager dan?**
> Natuurlijk heeft de projectmanager ook belangrijke verantwoordelijkheden. Zijn belangrijkste verantwoordelijkheid is het opleveren van het overeengekomen projectresultaat conform afspraken over kosten, levertijd, scope en kwaliteit, uiteraard onder de voorwaarde dat de opdrachtgever de afgesproken randvoorwaarden handhaaft, zoals de beschikbaarheid van informatie, hulpmiddelen en mensen, toegang tot gebouwen en installaties en tijdige besluitvorming.

Dit boek richt zich op de *besturing* van een project door de opdrachtgever, ervan uitgaande dat de dagelijkse leiding van het project in handen is van een bekwame projectmanager. Mocht je aan dat laatste twijfelen, los dat probleem dan eerst op. Dit boek gaat dan ook vooral over die principes die je helpen om vanuit het perspectief van de business effectief sturing te geven. Dit boek is geen 'samenvatting projectmanagement' en gaat niet in op zaken als de samenstelling van projectteams en het aansturen van specialistische werkzaamheden: ik ga ervan uit dat de projectmanager daarin het voortouw heeft.

■ AANSLUITING OP BEKENDE STANDAARDS

Dit boek sluit aan op bekende internationale standaards voor projectmatig werken. Tegelijk hebben toegankelijkheid en herkenbaarheid voor de doelgroep – en dus aansluiting op wat in Nederland gangbaar is – een belangrijke rol gespeeld.

ISO 21500 is de ISO-standaard[1] voor projectmanagement. Deze standaard bevat geen methode, maar beschrijft een aantal begrippen en definities, dat zinvol is als gemeenschappelijke taal bij de samenwerking tussen organisaties en landen met verschillende werkwijzen en methoden. De in dit boek gebruikte termen sluiten aan op deze ISO-standaard, met dien verstande dat ISO 21500 alleen nog in de

Engelse taal beschikbaar is en dit boek bij voorkeur de Nederlandstalige equivalenten van deze Engelstalige termen gebruikt.

Prince2 is een oorspronkelijk door de Britse overheid ontwikkelde en later geprivatiseerde projectmanagementmethode, die in Nederland en een aantal andere landen is uitgegroeid tot een marktstandaard. ISO 21500 en Prince2 vertonen grote overeenkomsten (Zandhuis, 2013)[2] en organisaties die Prince2 toepassen voldoen al in belangrijke mate aan ISO 21500 (Butrick, 2012). Als opdrachtgever hoef je alleen de belangrijkste principes en termen van Prince2 te kennen. De vier principes van succesvol opdrachtgeverschap die de basis vormen van dit boek sluiten aan op de principes van Prince2. Een beperkt aantal Prince2-termen is dermate complex dat ze vermoedelijk nooit breed geaccepteerd zullen worden. In die gevallen heb ik gekozen voor termen zoals die in Nederland gangbaar zijn: zo is bijvoorbeeld in plaats van de Prince2-term *kwaliteitsmanagementstrategie* in dit boek gekozen voor het gangbare *kwaliteitsplan*.

De woordenlijst achterin dit boek dient tevens als vertaallijst Engels-Nederlands, legt de relatie tussen Prince2- en ISO 21500-termen en licht, waar nodig, de verschillen toe tussen het in Nederland gangbaar taalgebruik en dat in beide standaards.

■ LEESWIJZER

Lees na deze inleiding in elk geval hoofdstuk 1. Dit bevat het fundament van dit boek: *de vier principes van succesvol opdrachtgeverschap*. Lees vervolgens naar behoefte en in willekeurige volgorde (delen van) de overige hoofdstukken voor verdieping en voor antwoorden op een aantal praktische vragen.

Noten bij de Inleiding

1. De Internationale Organisatie voor Standaardisatie (ISO) is een internationale organisatie die normen vaststelt. Het is een samenwerkingsverband van nationale standaardisatieorganisaties in 163 landen.
2. De algemene conclusie van Zandhuis en Stellingwerf luidt:
   - ISO 21500 processen sluiten goed aan met de Prince2-processen en/of thema's.
   - Hoewel de namen van de processen en thema's verschillend zijn, dekken ze dezelfde projectmanagementactiviteiten.
   - Alleen processen met betrekking tot leveranciersselectie en inkoop worden niet behandeld in Prince2.

1 De vier principes van succesvol opdrachtgeverschap

Goede projectbesturing moet in de eerste plaats effectief zijn. Effectief wil zeggen dat je van je project een succes maakt, met andere woorden: dat het project je optimaal ondersteunt in het bereiken van je doelstellingen. Omdat je verantwoordelijkheid als opdrachtgever waarschijnlijk bovenop je lijnverantwoordelijkheden komt, moet projectbesturing daarnaast efficiënt zijn. Efficiënt betekent dat je optimaal gebruikmaakt van de resources van de organisatie, zodat de projectbesturing je zo min mogelijk inspanning kost en je voldoende aandacht kunt blijven besteden aan je andere verantwoordelijkheden.

Wat je als opdrachtgever nodig hebt is dus effectiviteit én efficiency, of populair gezegd: 'meer grip met minder moeite'. Dit hoofdstuk beschrijft *de vier principes van succesvol opdrachtgeverschap* die erop gericht zijn hier aan te voldoen.
De volgende paragrafen beschrijven steeds een principe. Aan het slot van elke paragraaf vind je een korte samenvatting van de manier waarop het betreffende principe je als opdrachtgever helpt om effectief en efficiënt te sturen.

Het toepassen van deze vier principes is niet het enige wat je als opdrachtgever hoeft te doen. Opdrachtgeverschap is een vorm van management en dat betekent ook: je handelen afstemmen op de omstandigheden, niet volgens een boekje werken en gewoon doen wat er gedaan moet worden. De vier principes helpen je hierbij te focussen op wat belangrijk is.

Vier aandachtsgebieden

In de Inleiding van dit boek heb je kunnen lezen over het onderscheid tussen wat de projectleider oplevert (het *projectresultaat*) en de effecten voor belanghebbenden (het *businessresultaat*). Als opdrachtgever ben je voor beide eindver-

antwoordelijk (*accountable*) en stuur je op twee niveaus: het beoogde businessresultaat is richtinggevend, het te bereiken projectresultaat stem je hierop af.
Maar als opdrachtgever stuur je niet alleen op resultaten. Resultaten zijn alleen bereikbaar, wanneer andere mensen zich daarvoor inspannen. Daar zijn verschillende redenen voor: je hebt draagvlak nodig om verandering tot stand te brengen, je beschikt zelf niet over alle benodigde kennis, en je hebt een volle agenda: je wilt je tijd zo efficiënt mogelijk besteden. Het is daarom belangrijk om je aandacht naast de *resultaten* vooral te richten op de *verantwoordelijkheden*. Immers, hoe sterker mensen zich verantwoordelijk voelen om aan dit resultaat bij te dragen en hoe duidelijker deze verantwoordelijkheden zijn, des te meer zullen zij bereid zijn een bijdrage aan dit resultaat leveren en mee te denken over oplossingen, en des te groter is de kans op succes.

Het uitgangspunt van de vier principes van opdrachtgeverschap is dan ook dat je op beide niveaus – business en project – je aandacht vooral richt op twee aspecten: het resultaat en de verantwoordelijkheden. Dat leidt tot de vier aandachtsgebieden voor de opdrachtgever zoals weergegeven in figuur 1.1.

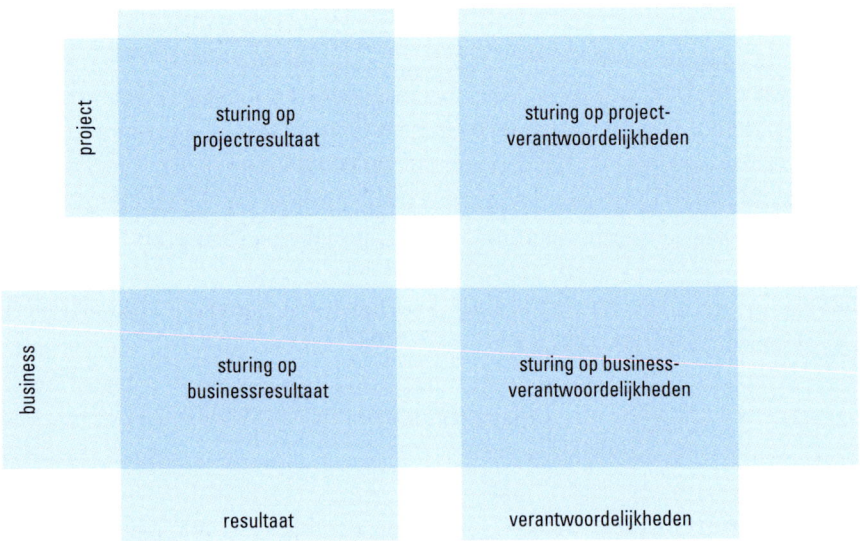

Figuur 1.1 De vier belangrijkste aandachtsgebieden van de opdrachtgever

Vier principes

De vier principes van succesvol opdrachtgeverschap richten zich elk op één van deze aandachtsgebieden, zoals weergegeven in figuur 1.2.

1. De vier principes van succesvol opdrachtgeverschap

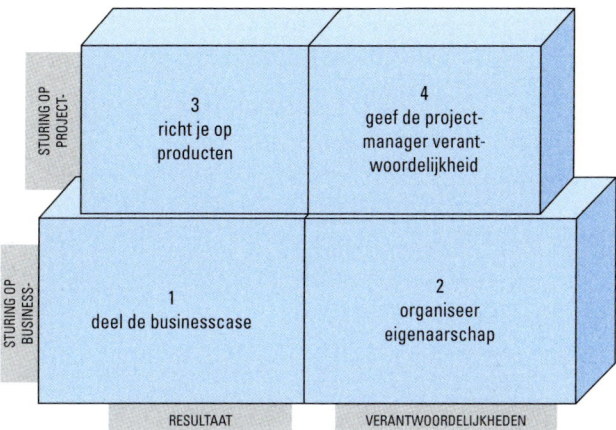

Figuur 1.2 De vier principes van succesvol opdrachtgeverschap

1e principe	Het leidende principe met betrekking tot de sturing op het businessresultaat is: *deel de businesscase³*. Dit principe beschrijft hoe je onder belanghebbenden een gedeeld beeld creëert van het waarom en het belang van het project, zodat zij zich daarmee kunnen verbinden, en hoe je dit gebruikt als basis voor alle detailbeslissingen.
2e principe	Het leidende principe met betrekking tot de sturing op businessverantwoordelijkheden is: *organiseer eigenaarschap*. Dit principe beschrijft hoe je bereikt dat belanghebbenden (bijvoorbeeld stuurgroepleden of gebruikers) zich niet alleen verbinden met het doel van het project maar zich ook individueel verantwoordelijk voelen om daar een specifieke bijdrage aan te leveren.
3e principe	Het leidende principe met betrekking tot de sturing op projectresultaat is: *richt je op producten*. Dit principe beschrijft hoe je, door producten (*deliverables*) centraal te stellen, optimaal transparantie creëert en grip hebt op de uitvoering, zodat het project die tastbare resultaten oplevert die je nodig hebt om de gewenste effecten (het businessresultaat) te kunnen te realiseren.
4e principe	Het leidende principe met betrekking tot de sturing op projectverantwoordelijkheden is: *geef de projectmanager verantwoordelijkheid*. Dit principe beschrijft welke verantwoordelijkheden en bevoegdheden je de projectmanager geeft en welke rapportageafspraken je maakt om tegen minimale inspanning (ook van jezelf) dit projectresultaat geleverd te krijgen, met voldoende controle en bijsturingsmogelijkheden.

De volgende paragrafen beschrijven steeds een principe en laten zien hoe je dit toepast. Aan het einde van iedere paragraaf vind je een samenvatting van de voordelen die dit principe je oplevert.

1.1 HET EERSTE PRINCIPE: DEEL DE BUSINESSCASE

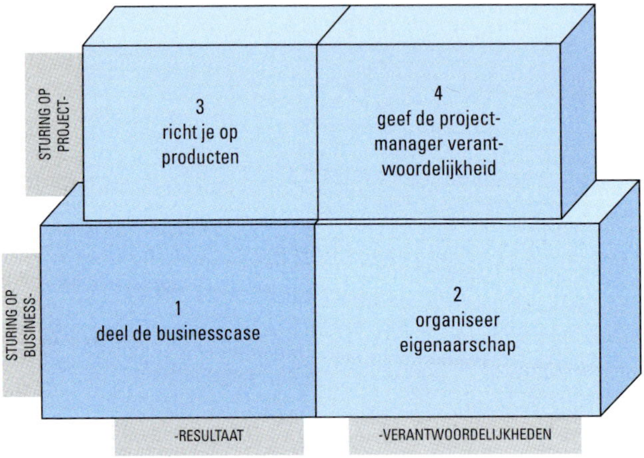

Figuur 1.3 Het eerste principe

Het gaat om het businessresultaat

Vroeger zei men: een project is succesvol als het binnen de afgesproken voorwaarden (tijd, geld) het geplande resultaat oplevert. Maar in de steeds dynamischer wereld van nu is het niet meer genoeg om aan het einde van een project op te leveren wat we aan het begin hadden afgesproken. Het is nu normaal dat tijdens het project belangrijke zaken veranderen, waardoor we het plan moeten aanpassen en bijsturing nodig is. Uitzonderingen zijn de regel geworden, en projectmanagement is veranderd in 'schieten op bewegende doelen'. Daarom zeggen we tegenwoordig: een project is een investering, dus het is pas succesvol als het bijdraagt aan de doelstellingen van de organisatie. Dit principe gaat over het businessresultaat van het project.

Richting

Stephen Covey zegt het kort en krachtig: 'Begin met het einde voor ogen.' (Covey, 1993). In een project is dit de rol van de *businesscase* (ook wel 'zakelijke rechtvaardiging' of 'nut en noodzaak' genaamd): een uitleg van de manier waarop het project uiteindelijk bijdraagt aan de doelstellingen van de opdrachtgevende organisatie, rekening houdend met kosten, baten en risico's. Het is de reden waarom de organisatie het project doet en hiermee creëer je *richting* in het handelen van mensen. Hoe meer de belanghebbenden zich verbinden met de businesscase van een project, des te minder afhankelijk je bent van subjectieve voorkeuren, omdat je een gemeenschappelijk referentiekader hebt voor de besluitvorming, zowel over de start van het project als over latere voortzetting en wijzigingen. En des te minder het project een eigen leven gaat leiden als 'bouwproject' of 'IT-project', in plaats van als businessproject.

> **Cultuuromslag**
> Uitspraak van een CEO van een bedrijf in de energiesector, nadat in een workshop over projectbesturing het principe van sturing op basis van de businesscase was toegelicht: 'Maar dit staat haaks op onze cultuur.' Op de vraag waarom hij dat zo zag lichtte hij toe: 'Dit maakt onze besluitvorming transparant ...'
> Projectbesturing op basis van een businesscase is inderdaad geen technische kwestie. Het kan een cultuuromslag vereisen om dit daadwerkelijk toe te passen.

Basis voor communicatie

Maar niet alleen de formele besluitvorming is gebaat bij een heldere businesscase. Ook op uitvoerend niveau is er grote behoefte aan een gedeelde visie. John Kotter stelt dat een visie drie doelen dient. 'Ten eerste, door de algemene richting voor verandering te verduidelijken (...) vereenvoudigt zij honderden of duizenden meer gedetailleerde beslissingen. Ten tweede, zij motiveert mensen tot het ondernemen van actie in de juiste richting, ook al heeft iemand er in het begin persoonlijk moeite mee. Ten derde, met behulp van de visie kunnen de acties van verschillende mensen – zelfs van duizenden en duizenden individuen – gecoördineerd worden, op opmerkelijk snelle en efficiënte wijze' (Kotter, 1997). Een goede businesscase verwoordt de visie achter het project, is richtinggevend en motiverend. Gebruik de businesscase dus niet alleen als referentiekader voor de formele besluitvorming, maar ook als basis voor alle communicatie met belanghebbenden. Het is daarvoor noodzakelijk de businesscase kort en krachtig samen te kunnen vatten.

> **Oneliner**
> Om binnen een grote organisatie aan een projectbudget te komen, worden vaak alle mogelijke baten van een project opgesomd, zowel kwantitatief als kwalitatief. Er ontstaat dan een meervoudige businesscase, met als baten bijvoorbeeld kortere levertijden, efficiencyverbetering, kwaliteitsverbetering en imagoverbetering, waar mogelijk gekwantificeerd en opgeteld. Als onderbouwing van de budgetaanvraag geeft dit een goed totaalbeeld, maar voor effectieve communicatie met belanghebbenden (stakeholders) is dit een belemmering: er is altijd een lang verhaal nodig om het project

toe te lichten en waarschijnlijk vertelt iedereen het verhaal anders. Zorg daarom dat de businesscase niet alleen een opsomming geeft van alle baten, maar ook een helder antwoord in normaal Nederlands op de vraag: waarom doen we dit project? De kern van een sterke businesscase is een oneliner, gedragen door betrokkenen (Van der Molen, 2013-2).

Gebruik bij communicatie over de businesscase met gebruikers, leverancier(s) en overige belanghebbenden in de eerste plaats deze oneliner: datgene waarvan je wilt dat iedereen het onthoudt. Gebruik waar nodig de volledige businesscase om de oneliner te onderbouwen en te nuanceren.

Leiderschap

Het creëren van een gedeelde businesscase is de essentie van het leiderschap van de projectopdrachtgever. Het betekent: zorgen dat iedereen begrijpt wat er moet gebeuren en vooral waarom. Het is een voorwaarde voor draagvlak, motivatie en focus. Dit creëer je vaak niet met eenrichtingsverkeer: door belanghebbenden te betrekken bij de formulering van de businesscase bied je hen mogelijkheden zich met het project te verbinden.

Soorten businesscases

Een businesscase hoeft niet altijd financieel van aard te zijn. Je kunt projecten op basis van hun businesscases in vier groepen verdelen.

1. Verplichte c.q. noodzakelijke projecten. Deze doe je omdat de organisatie anders niet verder kan. Het draait dan meestal om het voldoen aan een wettelijke verplichting. Hoewel de financiële waarde van het resultaat moeilijk te bepalen is, zijn de businesscases van zulke projecten ijzersterk: het slagingspercentage is in de praktijk dan ook bijna honderd procent.

2. Continuïteitsprojecten. Deze doe je om te voorkomen dat er te veel storingen of te hoge onderhoudskosten ontstaan, of om andere toenemende risico's het hoofd te bieden. Aan de beslissing om in zo'n project te investeren ligt meestal een risicoafweging ten grondslag. Als het gaat om een grote kans op beperkte schade (bijvoorbeeld het terugdringen van een gestaag groeiend aantal storingen), dan is de businesscase financieel goed te onderbouwen. Als het gaat om een hele kleine kans op een ernstige calamiteit, dan is het moeilijker de afwe-

gingen objectief te onderbouwen. De besluitvorming zal dan wellicht meer 'politiek' van aard zijn.

3. 'Enabler'-projecten. Deze zijn niet rechtstreeks gericht op baten, maar je doet ze – soms als onderdeel van een programma – om andere projecten mogelijk te maken die wel baten opleveren. Als je die andere projecten niet doet, heeft het *enabler*-project geen waarde. Er is wel een businesscase, maar die ligt op een hoger niveau en heeft betrekking op een combinatie van projecten.

4. Batengedreven projecten. Het gaat om projecten die direct gericht zijn op zaken als kostenbesparing, vergroting van marktaandeel of verbetering van service. Een sterke businesscase is een businesscase die herkenbaar aansluit op de doelstellingen van de organisatie. Wanneer de hoofddoelstelling van een organisatie financieel is, dan zullen financiële argumenten het sterkste zijn. Wanneer een organisatie (ook) andere doelstellingen nastreeft, kunnen ook andere argumenten de doorslag geven, zoals verbetering van milieu- of gezondheidsaspecten. Streef ook bij niet-financiële baten naar kwantificering van de baten, zodat het succes van het project meetbaar is en de baten van alternatieve oplossingen kunnen worden vergeleken.

Hoe komt de businesscase tot stand?

Maak als opdrachtgever bij de start van een project duidelijk waarom je het project wilt doen, wat de belangrijkste (financiële en/of niet-financiële) baten zijn die je verwacht met het project te realiseren en wat je grootste zorgen over het project zijn (dat wil zeggen welke risico's je op voorhand ziet). Delegeer de verdere uitwerking van de businesscase desgewenst aan de projectmanager. Of je het nu zelf doet of delegeert, verzeker je ervan dat de juiste belanghebbenden erbij betrokken worden:

- De gebruiker(s), om vast te stellen of de beoogde effecten (baten) realiseerbaar zijn met de door het project op te leveren producten.
- De leverancier(s), om vast te stellen of het project realiseerbaar is en of de begroting realistisch is.
- De gebruiker(s), leverancier(s) en eventueel andere belanghebbenden, om de risico's in kaart te brengen (elke belanghebbende ziet andere risico's).
- De controller, om de financiële onderbouwing te toetsen.

Een sterke businesscase is in de eerste plaats een door belanghebbenden gedragen businesscase. Deze komt dan ook tot stand in intensieve interactie met belanghebbenden. De volgende paragraaf, over het tweede principe, gaat hier verder op in.

Faseovergangen en wijzigingen

Een duidelijke businesscase biedt een heldere basis voor het stellen van prioriteiten. Gebruik de businesscase als leidend principe in de besluitvorming, niet alleen bij de start van een project maar ook bij faseovergangen en wijzigingen. Gebruik bij besluitvorming over een lopend project niet de oorspronkelijke maar de actuele businesscase: het gaat steeds om een afweging van de *nog te maken* kosten tegen de *nog te realiseren* baten, rekening houdend met de nog actuele risico's en de eventuele kosten van voortijdige project-beëindiging. Bij de beoordeling van een wijzigingsvoorstel is de vraag: welke oplossing draagt het meest bij aan de businesscase?

Hoe wordt de businesscase onderhouden?

Toets aan het einde van iedere projectfase – voordat je toestemming geeft verder te gaan met de volgende fase – of de businesscase nog actueel is. Marktomstandigheden, wetswijzigingen, technologische ontwikkelingen of voortschrijdend inzicht binnen het project: het kunnen allemaal aanleidingen zijn om de businesscase bij te stellen en prioriteiten te herzien. Voer zo'n toetsing ook uit bij calamiteiten en wijzigingsvoorstellen. Op basis van een actueel inzicht in de businesscase en de risico's besluit je tot ongewijzigde voortzetting, bijsturing of stopzetting van het project.

> **Wat doen we als niet alles volgens plan verloopt?**
> Het is uitzonderlijk als een project precies volgens plan verloopt. Ook succesvolle projecten zijn veelal niet volgens plan verlopen: ze zijn vaak juist succesvol omdat er goed werd bijgestuurd in onvoorziene omstandigheden. Toch zijn de meeste projectplannen bijna uitsluitend gericht op 'wat doen we als alles volgens plan verloopt', terwijl er nauwelijks aandacht is voor 'wat doen we als *niet* alles volgens plan verloopt'. Hét fundament voor efficiënte en effectieve besturing wanneer niet alles volgens plan verloopt, is een heldere en door betrokkenen gedragen businesscase.

Maatstaf voor succes

Na afronding van het project is het als opdrachtgevende organisatie van belang te leren van het project. Het draait dan niet alleen om de vraag of de geplande resultaten binnen de geldende voorwaarden (tijd, geld, kwaliteit) geleverd zijn. Antwoorden op deze vraag kunnen leiden tot conclusies over de door de projectmanager gevolgde aanpak of de kwaliteiten van een leverancier. De belangrijkste maatstaf is de toetsing op basis van de businesscase: in welke mate hebben de projectresultaten bijgedragen aan de organisatiedoelstellingen? Dit is vaak pas vast te stellen nadat het project al enige tijd is afgerond en de eerste baten zichtbaar zijn.

Kwaliteit businesscases mede beïnvloed door context
Hoe men in een organisatie feitelijk omgaat met businesscases, kan in hoge mate bepaald zijn door het beleid ten aanzien van budgettering en de mate waarin opdrachtgevers eindverantwoordelijk zijn voor het realiseren van businesscases.

> Een telecomprovider selecteerde jaarlijks volgens een bepaalde norm alleen de sterkste businesscases voor realisatie. De opdrachtgevers formuleerden de businesscases van de door hen ingediende projectvoorstellen extreem positief om aan een budget te komen, omdat zij wisten dat zij toch niet werden afgerekend op de resultaten.
>
> Bij een zelfstandig bestuursorgaan werden de in de businesscases vermelde financiële besparingen direct vertaald in budgetverlagingen voor de periode na afloop van het project. Om dit te voorkomen formuleerden de meeste opdrachtgevers de businesscases van projecten juist zo vaag mogelijk, met verwijzing naar de 'zachte' doelstellingen van de organisatie.

Realisatie van baten

Natuurlijk laat je de realisatie van de baten niet aan het toeval over. Wie voelen zich verantwoordelijk om de beoogde baten te realiseren? Achten zij de realisatie van deze baten haalbaar met behulp van de door het project op te leveren producten? Dit zijn belangrijke vragen om tijdens de ontwikkeling van een businesscase te stellen. Immers, zolang deze vragen geen bevredigend antwoord hebben, is een businesscase vrijblijvend en wellicht een luchtkasteel. Meer hierover lees je in de volgende paragraaf over het tweede principe: organiseer eigenaarschap.

Samenvatting

Het eerste principe, *deel de businesscase*, geeft richting aan de inspanning van alle betrokkenen en helpt hen om zich met het project te verbinden. Het draagt bij aan:

- ondersteuning van het sponsorship van het hoger management;
- een beter draagvlak onder belanghebbenden en dus meer medewerking;
- daardoor minder problemen met resourcevoorziening;
- minder ruimte voor belangenstrijd tussen belanghebbenden;
- een permanente focus op de beoogde businessresultaten en niet alleen op de projectresultaten, zodat het project geen eigen leven gaat leiden;
- minder oneigenlijke discussie over details die ontstaan doordat belanghebbenden een verschillend beeld hebben van het waarom;
- efficiënt gebruik van resources door een heldere focus;

- goede anticipatie van de projectmanager op door de opdrachtgever gewenste wijzigingen en daardoor minder ongewenste wijzigingsvoorstellen;
- op alle niveaus betere besluitvorming over details en wijzigingen op basis van een gemotiveerde afweging tussen gebruikersbelangen en zakelijkheid.

Kortom: weinig draagt zo zeer bij aan het bereiken van positieve businessresultaten als een heldere en actuele businesscase. De tijd die je hieraan besteedt, verdien je ruimschoots terug.

■ 1.2 HET TWEEDE PRINCIPE: ORGANISEER EIGENAARSCHAP

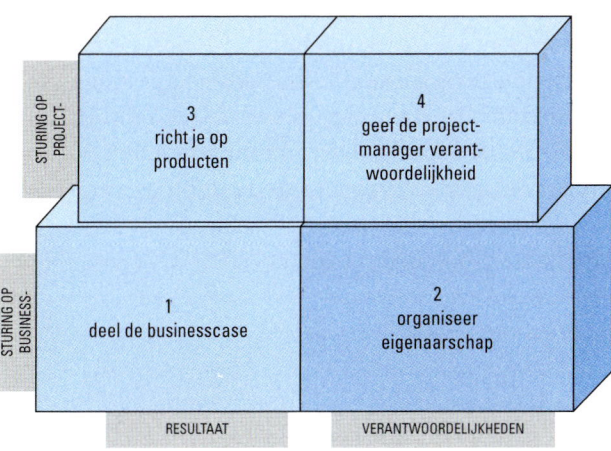

Figuur 1.4 Het tweede principe

Het businessmanagement is verantwoordelijk

Een belangrijke valkuil bij de uitvoering van projecten is de gedachte dat een goede projectmanager garant staat voor succes. De projectmanager is verantwoordelijk voor de dagelijkse leiding van het project, maar alleen het businessmanagement kan verantwoordelijk zijn voor de besturing van het project vanuit businessperspectief en voor de realisatie van de beoogde baten. De eindverantwoordelijkheid voor het succes van het project kan dan ook alleen berusten bij het businessmanagement. Dit principe gaat over de businessverantwoordelijkheden. Achtereenvolgens komen aan de orde: verantwoordelijkheden van de opdrachtgever, van de stuurgroepleden en overige businessverantwoordelijkheden.

> **Duidelijkheid**
> Het gaat hierbij nadrukkelijk niet om het overnemen van taken van de projectmanager. Hoe duidelijker de verantwoordelijkheden van alle betrokkenen (inclusief jezelf) zijn, des te minder hoef je bij te sturen. En hoe duidelijker het voor alle belanghebbenden is wat het effect van een escalatie zal zijn, des te minder behoefte er zal zijn om het hierop aan te laten komen.

Eigenaarschap

Als opdrachtgever kun je niet succesvol zijn zonder de medewerking van anderen. Je hebt de grootste kans op succes wanneer ook andere belanghebbenden zich niet alleen kunnen verbinden met het *doel* van het project – het realiseren van de businesscase – maar ook bereid zijn hier een *bijdrage* aan te leveren. Wanneer een belanghebbende zich ergens verantwoordelijk voor voelt en daarnaar handelt, dan spreken we van *eigenaarschap*. Juist in de combinatie van verbinding met een gedeeld doel (verwoord in de businesscase) en individueel eigenaarschap (individuele belanghebbenden voelen zich verantwoordelijk daar een specifieke bijdrage aan te leveren) schuilt een grote veranderende kracht.

> **Twee-eenheid**
> Het eerste en het tweede principe van succesvol opdrachtgeverschap vormen een twee-eenheid. Een gedeelde businesscase zonder eigenaarschap is een luchtkasteel, eigenaarschap zonder gedeelde businesscase is verstarring en ongerichte inspanning.

Interactie

Werkelijk eigenaarschap kun je niet aan mensen opleggen. Verantwoordelijkheid werkt alleen maar wanneer iemand zich ook verantwoordelijk *voelt*. Zinvol eigenaarschap kan in de praktijk dan ook alleen het resultaat zijn van intensieve interactie met belanghebbenden. Deze interactie kan uiteenlopen van het samenwerken in een stuurgroep tot het organiseren van workshops met gebruikers of bijeenkomsten gericht op participatie van grote groepen belanghebbenden. De essentie van deze interactie is dat mensen zich gehoord en gerespecteerd voelen. Wees daarom glashelder over wat al vaststaat en geef betrokkenen invloed op wat nog niet vaststaat. De aard en aanpak van deze interventies vallen buiten de scope van dit boek. Lees hierover bijvoorbeeld *Hartelijk gefaciliteerd! Succesvol veranderen met de workshopaanpak* (Blijsie, 2008) of *Praktijkboek Large Scale Intervention, Werken aan verbinding en verandering met Whole Scale Change-*

principes en -technieken (De Wilde, 2012). In deze paragraaf lees je welke verantwoordelijkheden je als opdrachtgever op je kunt nemen en op welke verantwoordelijkheden je anderen kunt aanspreken.

De opdrachtgever: projecteigenaar

Als opdrachtgever vertegenwoordig je het belang van de opdrachtgevende organisatie en weeg je – eventueel namens het hoger management – de baten af tegen de kosten en de risico's. De opdrachtgever wordt wel 'eigenaar van de businesscase' genoemd, dat wil zeggen: hij is eindverantwoordelijk voor de realisatie van de businesscase en dus voor het succes van het project. Omwille van de eenduidigheid en slagvaardigheid in de besturing en de helderheid van verantwoordelijkheden moet deze rol bij een project vervuld worden door één persoon met een voldoende mate van beslissingsbevoegdheid (Garland, 2009).

> **Wachten op 10.000 euro...**
> Een organisatie in de publieke sector voerde een project uit dat het publiek in staat zou stellen bepaalde gegevens via een website aan te leveren in plaats van via papieren formulieren, waardoor de eigen data-entryafdeling overbodig zou worden. Volgens de businesscase zou het project leiden tot een besparing van 20 miljoen euro per jaar. Dat komt neer op bijna 100.000 euro per werkdag. De uitvoering had een week vertraging opgelopen, omdat gewacht moest worden op een wijzigingsvoorstel ter waarde van 10.000 euro; budgetverhogingen moesten door het hoger management worden goedgekeurd. Nog los van eventuele extra kosten – mensen die stil zitten kosten ook geld – was de schade van de vertraging dus bijna een half miljoen euro, doordat de beslissingsbevoegdheid van de opdrachtgever onvoldoende was afgestemd op de businesscase.

In deze rol ben je ook eindverantwoordelijk voor de communicatie met het lijnmanagement en andere belanghebbenden. Als boegbeeld van het project sta je in permanent contact met de omgeving, om na te gaan of er ontwikkelingen zijn die van invloed zijn op de businesscase.

> **Sleutel voor succes**
> Voor het succes van het project is de opdrachtgever minstens zo belangrijk als de projectmanager. De sleutel voor succes ligt voor de opdrachtgever in het uitdragen van de businesscase en het organiseren van eigenaarschap.

Stuurgroep

Om de kwaliteit van de besluitvorming te verbeteren en het draagvlak te versterken kun je je als opdrachtgever laten ondersteunen door een stuurgroep met een vertegenwoordiging van belanghebbenden. De stuurgroep van een project is de verankering van de tijdelijke organisatie (het project) in de permanente organisatie (de lijnorganisatie) dan wel de omgeving. Om te voorkomen dat je er als opdrachtgever alleen voor staat heb je er veel belang bij dat de stuurgroepleden goed samenwerken en hun rol oppakken. Deze paragraaf gaat daarom eerst in op de samenstelling van de stuurgroep en de rollen van de stuurgroepleden. Het is meestal niet zinvol om voor ieder stuurgroeplid een waslijst met verantwoordelijkheden vast te leggen. Beschouw het overzicht van verantwoordelijkheden in deze paragraaf dan ook als mogelijkheden en stel zelf vast wat in een specifieke stuurgroep zinvol is.

> **Stuurgroepstartup**
>
> Een goed functionerende stuurgroep ontstaat niet vanzelf. Organiseer bij de start van een project een stuurgroepstartup-bijeenkomst, gericht op onder meer:
> - het creëren van een wij-gevoel;
> - het creëren van een gedeeld inzicht in de businesscase;
> - het bespreekbaar maken van de zorgen van stuurgroepleden;
> - de afspraken over wie contact houdt met belanghebbenden die niet in de stuurgroep zitten;
> - het verhelderen van individuele verantwoordelijkheden van stuurgroepleden;
> - het maken van afspraken over de wijze van samenwerken.
>
> De deelnemers van zo'n bijeenkomst zijn de opdrachtgever, de overige leden van de stuurgroep en de projectmanager. Laat de sessie begeleiden door een onafhankelijke facilitator, zodat alle deelnemers een inhoudelijke inbreng kunnen hebben[4].

Stuurgroep: geen democratie

Het ligt voor de hand dat je als opdrachtgever ook voorzitter bent van de stuurgroep. Belangrijke besluiten, over bijvoorbeeld aanpassing van de scope, de kwaliteit, het budget of de planning of het voortijdig afsluiten van het project, neem je zoveel mogelijk samen met de stuurgroep. Als opdrachtgever blijf je verantwoordelijk voor de realisatie van de businesscase en een stuurgroep is dan ook geen democratie: wanneer alle stuurgroepleden behalve de opdrachtgever het projectbudget willen verhogen, dan kan het projectbudget niet verhoogd worden.

Ook ben je als opdrachtgever verantwoordelijk voor de samenstelling van de stuurgroep, inclusief het wijzigen daarvan wanneer dat de kansen op succes van het project ten goede komt.

Stuurgroepsamenstelling

Lidmaatschap van de stuurgroep is niet vrijblijvend en ook niet bedoeld om alleen besluiten te nemen die de belangen van de eigen afdeling of achterban vooropstellen: bij stuurgroeplidmaatschap horen ook verantwoordelijkheden. Als opdrachtgever ben je zelf verantwoordelijk voor de realisatie van het businessdoel, zoals beschreven in de businesscase. Omdat je niet alle lasten van het project op je schouders wilt hebben, heb je er belang bij om op twee hoofdaspecten andere stuurgroepleden aan te spreken.

- De verantwoordelijkheid voor *ingebruikname* van het projectresultaat, op zodanige wijze dat de beoogde baten gerealiseerd worden. De rol die hierbij hoort duid ik in dit boek verder aan met de Prince2-term *seniorgebruiker*.
- De verantwoordelijkheid voor de *levering* van het projectresultaat conform kwaliteitseisen, planning en budget. De rol die hierbij hoort duid ik verder aan met de Prince2-term *seniorleverancier*.

Projectmanager lid van de stuurgroep?

In sommige organisaties beschouwt men de projectmanager – die uiteraard de vergaderingen van de stuurgroep bijwoont – als lid van de stuurgroep. Wat zijn hier nou precies de nadelen van? Ten eerste is dit in conflict met de scheiding van besturing en uitvoering. Voor effectieve (businessgerichte) besturing is het van wezenlijk belang dat er een onderscheid is tussen degenen die 'enthousiast zijn over de oplossing' (de projectmanager en zijn team) en degenen die 'toetsen of deze oplossing bijdraagt aan het belang van de organisatie' (de stuurgroep). De projectmanager als stuurgroeplid is als de slager die zijn eigen vlees keurt. Daarnaast kan het overige stuurgroepleden op de gedachte brengen om stuurgroepverantwoordelijkheden aan de projectmanager over te laten en deze dus niet zelf te nemen: 'We hebben immers iemand in ons midden die fulltime met het project bezig is.' Dit is een bedreiging voor het commitment van de lijnorganisatie en het draagvlak.

Seniorgebruiker

Een seniorgebruiker is eindverantwoordelijk voor zodanige ingebruikname, dat de beoogde baten van het project gerealiseerd worden. Deze rol vertegenwoordigt de 'gebruikers' in de ruimste zin van het woord, dat wil zeggen: al diegenen die het resultaat van het project zullen gebruiken, kopen, verkopen, ermee zullen werken, erin zullen wonen of het zullen beheren of onderhouden. Uit deze hoofdverantwoordelijkheid voor realisatie van de baten volgt noodzakelijkerwijs de verantwoordelijkheid voor de functionele kwaliteit van de opgeleverde producten (Passen ze bij de bedrijfsprocessen? Kunnen we hiermee de beoogde baten realiseren?). Ook is de seniorgebruiker verantwoordelijk voor het draagvlak onder de gebruikers en de beschikbaarheid van gebruikers voor het leveren van een bijdrage aan het creatieproces van het project, hetzij door directe participatie hierin, hetzij door het formuleren van specificaties en het toetsen van producten. Indien nodig moet hij namens hen een eenduidig standpunt kunnen verwoorden en prioriteiten stellen. Gezien zijn verantwoordelijkheden heeft de seniorgebruiker meer dan wie ook recht van spreken bij het stellen van eisen aan de te leveren producten. De verantwoordelijkheid van de seniorgebruiker gaat verder dan die van zijn lijnfunctie: hij is verantwoordelijk voor de betrokkenheid van alle gebruikers, niet alleen van diegenen die tot zijn eigen afdeling behoren. Hij zal daarom moeten afstemmen met andere belanghebbenden van gebruikerszijde. Deze rol kan door één of meer personen vervuld worden.

Toets voordat je een besluit neemt over de start van een project (of over belangrijke wijzigingen) of de seniorgebruiker zich verantwoordelijk voelt en zich in staat acht om met behulp van de geplande projectresultaten inderdaad de beoogde baten te leveren, en of hij inderdaad kan zorgen voor de noodzakelijke beschikbaarheid van gebruikers in het creatieproces. Dit zijn vaak lastige vragen. Maar als het antwoord luidt 'dat weet ik niet', dan is het beter dit te horen voordat je een investeringsbesluit neemt dan daarna. Je weet dan waar je aan begint en kunt je plannen eventueel nog bijstellen of intrekken.

Seniorleverancier
Een seniorleverancier is eindverantwoordelijk voor daadwerkelijke levering van de producten conform de te maken afspraken over kwaliteit, planning en budget. Dit betekent een verantwoordelijkheid voor de technische kwaliteit van de geleverde producten, de levering conform specificaties, maar ook voor de beschikbaarheid van specialistisch personeel en de afstemming met interne en externe leveranciers. De verantwoordelijkheid van de seniorleverancier gaat verder dan die van zijn lijnfunctie. Hij is verantwoordelijk voor alle leverende partijen, niet alleen de medewerkers van zijn eigen afdeling. Hij zal daarom moeten afstemmen met andere belanghebbenden van leverancierszijde.

Toets voordat je besluit over de start van het project (of over belangrijke wijzigingen) of de seniorleverancier achter de planning en de begroting staat en ook het commitment van andere betrokken (toe)leveranciers heeft zekergesteld.

Aansluiten op lijnverantwoordelijkheden

Bij beide hierboven beschreven rollen in de stuurgroep horen specifieke verantwoordelijkheden. Beleg deze rollen zodanig, dat ze aansluiten op de lijnverantwoordelijkheden van de betrokkenen, zodat zij zoveel mogelijk bevoegd zijn de nodige besluiten te nemen dan wel te organiseren en daar zelf de consequenties van ervaren. Een zo samengestelde stuurgroep biedt de mogelijkheid om in de besluitvorming over het project de zakelijke belangen (opdrachtgever), de gebruikerseisen (seniorgebruiker) en de technische aspecten (seniorleverancier) goed tegen elkaar af te wegen. Meer details over de invulling van de stuurgroep vind je in hoofdstuk 2.

Duidelijke kaders

Maak als opdrachtgever, om verkeerde verwachtingen te voorkomen, bij de start van een stuurgroep duidelijk wat de rol van de verschillende deelnemers is, welke verantwoordelijkheden je van hen verwacht en binnen welke kaders de stuurgroep besluiten kan nemen. Geef aan welk belang je hecht aan goede samenwerking en eventueel consensus, maar wees duidelijk over je eigen eindverantwoordelijkheid voor het realiseren van de businesscase en de kaders die hiervoor door de organisatie gesteld zijn.

Geldkraan dichtgedraaid

'Binnen onze R&D-afdeling werd een kennismanagementsysteem ingevoerd. De schatting van het 'aantal uren te gaan' werd in de loop van het project juist groter in plaats van kleiner. De oorzaak lag in steeds nieuwe gebruikerswensen die steeds opnieuw enorm belangrijk werden gevonden. Als opdrachtgever begon ik me af te vragen of ik wel de juiste gebruikersvertegenwoordigers in de stuurgroep had gehaald. Uiteindelijk heb ik het harmoniemodel verlaten en de geldkraan dichtgedraaid. Er moet nu eerst een werkend resultaat opgeleverd worden op basis van de bestaande inzichten. Wie daarna nog aanvullende wensen heeft, kan een budget voor een nieuw project aanvragen.'

Houding en gedrag

Uiteindelijk gaat het niet om formele structuren, maar om de houding en het gedrag van mensen. Welke gewenste houding en welk gewenst gedrag passen nu bij de verschillende stuurgroeprollen?

Opdrachtgever	De houding waarmee je als opdrachtgever het goede voorbeeld geeft, is vooral: laten zien dat je je eigenaar van het project voelt en dat het succes van het project belangrijk voor je is. Het gedrag waarmee je dit ondersteunt, is de businesscase actief uitdragen en, zodra de businesscase door de organisatie is goedgekeurd, anderen aanspreken op hun specifieke verantwoordelijkheid om bij te dragen aan het succes van dit project en dus aan het realiseren van deze businesscase. Daarnaast bewaak je de eenduidigheid in het aansturen van de projectmanager en handhaaf je de met de projectmanager afgesproken randvoorwaarden, zoals de beschikbaarheid van mensen en middelen. Ook besteed je aandacht aan een goede relatie en open communicatie met de projectmanager. Zo zorg je voor de omstandigheden waarbinnen de projectmanager zijn taak met succes kan uitvoeren.
Seniorgebruiker	De gewenste houding van een seniorgebruiker is dat hij zich verantwoordelijk voelt om zeker te stellen dat het op te leveren product daadwerkelijk wordt geaccepteerd en gebruikt, beheerd en onderhouden, zodanig dat dit de beoogde baten oplevert. Het gewenste gedrag van een seniorgebruiker is de businesscase expliciet steunen, sturing geven aan de inrichting van het batenmanagement en de batenrealisatie, actief communiceren met de gebruikersgemeenschap om zeker te stellen dat ieder de juiste bijdrage levert aan de specificaties, snel reageren wanneer de projectmanager advies vraagt over gebruikerszaken zoals conflicterende eisen en wensen, en direct optreden wanneer mensen vanuit de gebruikersgemeenschap niet volgens afspraak beschikbaar zijn.
Seniorleverancier	De gewenste houding van een seniorleverancier is dat hij zich verantwoordelijk voelt om zeker te stellen dat het product daadwerkelijk conform afspraken en geldende standaards geleverd wordt. Het gewenste gedrag van een seniorleverancier is de businesscase expliciet steunen, actief communiceren met de leveranciersgemeenschap om zeker te stellen dat het project hier de juiste prioriteit krijgt, snel reageren wanneer de projectmanager om advies vraagt over technische eisen en standaards en direct optreden wanneer specialisten van leverancierszijde niet volgens afspraak beschikbaar zijn.

Samenwerken

Het fundament van de samenwerking in de stuurgroep is een gezamenlijk commitment aan het succes van het project. Voor alle stuurgroepleden is het belangrijk dat zij zich achter de businesscase opstellen, open communiceren en elkaar en anderen constructief aanspreken op hun rol en verantwoordelijkheid. Het gaat om leiderschap tonen, verantwoordelijkheid nemen en samenwerken, ook buiten de stuurgroepvergaderingen. Het feit dat ieder stuurgroeplid zijn eigen portefeuille heeft, moet niet ontaarden in een 'ieder-voor-zich-cultuur' en zwartepieten. Er zullen ook dingen mis gaan, en hoe goed de plannen en verantwoordelijkheden ook zijn vastgelegd, in een veranderende omgeving zal altijd improvisatie nodig zijn. Een afrekencultuur leidt misschien wel tot 'schone straatjes', maar zelden tot een gezamenlijk projectsucces.

Tip: prijs positief gedrag in een stuurgroepvergadering en bespreek negatief gedrag onder vier ogen met de betrokkene.

Cultuuromslag

'In onze organisatie is het van oudsher gebruikelijk dat managers in een stuurgroep gaan zitten om hun afdelingsbelangen te verdedigen tegen mogelijke negatieve effecten van een project. Een stuurgroeplid had rechten zonder plichten en een stuurgroepvergadering was soms 'een rondje vrijblijvend schieten op de projectleider'. Wat we nu vragen – dat stuurgroepleden een concrete medeverantwoordelijkheid dragen voor het succes van een project – betekent een enorme cultuuromslag.'

Houd het klein

Eén van de valkuilen van een stuurgroep is een te grote omvang, doordat iedere belanghebbende partij zelf vertegenwoordigd wil zijn. Dit kan efficiënte besluitvorming belemmeren en ertoe leiden dat geen van de leden zich persoonlijk verantwoordelijk voelt voor het project. Maak een stuurgroep daarom niet groter dan beslist noodzakelijk, belanghebbenden kunnen ook op andere manieren invloed hebben (zie hiervoor de volgende paragraaf over het derde principe: *richt je op producten*). Het benoemen van één persoon in elk van de drie rollen kan als praktische standaard beschouwd worden. Bij eenvoudige projecten kan een persoon meerdere rollen combineren. De meest voor de hand liggende combinatie is dan de rol van opdrachtgever en seniorgebruiker. Complexe projectomgevingen kunnen het noodzakelijk maken een rol over meerdere personen te verdelen. Een omvang van vijf leden wordt vaak gezien als maximum voor een effectieve stuurgroep.

Individuele verantwoordelijkheden
Het vervolg van deze paragraaf gaat in op een aantal specifieke verantwoordelijkheden:
1. De verantwoordelijkheid voor communicatie met belanghebbenden.
2. De verantwoordelijkheid voor batenrealisatie.
3. De verantwoordelijkheid voor risico's.
4. De verantwoordelijkheid voor borging.

1 Wie is verantwoordelijk voor communicatie met belanghebbenden?
In de praktijk zal de projectmanager veelvuldig op operationeel niveau communiceren met belanghebbenden. De stuurgroepleden blijven verantwoordelijk om de grenzen hiervoor aan te geven en contact te onderhouden met hun eigen achterban. Hier zijn twee goede redenen voor. Ten eerste levert de zichtbare verbinding van het businessmanagement met de businesscase een belangrijke bijdrage aan het draagvlak voor het project. Ten tweede kan, om onnodige weerstand te voorkomen, alle informatie die aan enige 'gevoeligheid' kan raken, het best worden overgebracht door het lijnmanagement. Dit lijnmanagement is vertegenwoordigd in de stuurgroep en is verantwoordelijk om de totale communicatiebehoefte te overzien en in te schatten welke communicatie in de lijn moet plaatsvinden en welke communicatie aan de projectmanager kan worden overgelaten.

Besteed in de stuurgroep zorgvuldige aandacht aan een gemeenschappelijk beeld van de businesscase als basis voor deze communicatie met belanghebbenden buiten de stuurgroep en zie erop toe dat de communicatie door de stuurgroepleden consistent is met de businesscase. Afspraken hierover kunnen worden vastgelegd in een communicatieplan.

De relatie tussen stuurgroepleden en belanghebbenden
Een stuurgroep kan alleen goed functioneren, als deze goede relaties onderhoudt met alle belanghebbenden, zowel binnen als buiten de eigen organisatie. Zorg daarom dat elk stuurgroeplid weet met welke belanghebbenden hij geacht wordt contacten te onderhouden. Andersom is het van belang dat iedere belanghebbende weet wie er namens hem in de stuurgroep zit ('mijn stuurgroepvertegenwoordiger'), zodat hij deze persoonlijk kan aanspreken wanneer dit nodig is.

Maak in de stuurgroep afspraken over wie je als belanghebbenden beschouwt en per belanghebbende welk stuurgroeplid verantwoordelijk is voor de communicatie.

Je kunt deze relaties bespreekbaar maken en vastleggen met een *stakeholderrelatiematrix* (zie tabel 1.1).

Tabel 1.1 Voorbeeld van een stakeholderrelatiematrix

Stuurgroepleden Belanghebbenden	Marijke (opdrachtgever)	Omar (seniorgebruiker)	Rianne (seniorgebruiker)	Peter (seniorleverancier)
Raad van Bestuur	X			
Divisiedirectie	X			
Ondernemingsraad	X			
Cliëntenraad		X		
Klanten		X		
Accountmanagers		X		
Informatiemanagers			X	
Regiomanagers			X	
Medewerkers afdeling X		X		
Medewerkers afdeling Y			X	
Afdeling Finance & Accounting			X	
Afdeling ICT				X
Pers	X			

2 Wie is verantwoordelijk voor batenrealisatie?

Een businesscase vermeldt vaak 'verwachte baten'. Maar aan verwachte baten heb je natuurlijk nog niets, het gaat om gerealiseerde baten. Vrijblijvendheid ten aanzien van batenrealisatie is een vruchtbare voedingsbodem voor overschatting van de baten, waardoor gemakkelijk een luchtkasteel ontstaat.

Batenmanagement is erop gericht de beoogde baten van verandering daadwerkelijk te oogsten. Hierbij spelen de volgende verantwoordelijkheden een rol.
- De *opdrachtgever* is eindverantwoordelijk voor het succes van het project en ziet er dus op toe dat anderen hun rol op de juiste manier oppakken.
- De *seniorgebruiker* is verantwoordelijk voor de batenrealisatie en organiseert dat de verschillende belanghebbenden op de juiste manier betrokken worden

zodat zij zich kunnen verbinden met het doel van het project en bereid zijn een verantwoordelijkheid als bateneigenaar (verantwoordelijke voor de realisatie van baten) te aanvaarden. Bij een eenvoudig project kan de opdrachtgever zelf de rol van seniorgebruiker vervullen.
- De *bateneigenaren* zijn diegenen die de verantwoordelijkheid op zich nemen om een of meer specifieke baten te realiseren. Vaak is een seniorgebruiker tevens eigenaar van een deel van de baten. Bij een eenvoudig project kan de seniorgebruiker de enige bateneigenaar zijn.

Essentieel voor effectief batenmanagement is dat bateneigenaarschap niet alleen een formele verantwoordelijkheid is, maar dat een bateneigenaar zich kan verbinden met het doel van het project – het realiseren van de businesscase – en zich ook verantwoordelijk *voelt* om hier middels bepaalde baten (prestaties) een bijdrage aan te leveren. Meestal is het noodzakelijk om in workshops met belanghebbenden in kaart te brengen welke baten nodig zijn om het doel te bereiken, waar deze van afhankelijk zijn en wie daarvoor de verantwoordelijkheid op zich neemt. Zo'n workshop kan leiden tot het inzicht dat bepaalde baten niet realistisch zijn of dat aanvullende investeringen nodig zijn om bepaalde baten te kunnen realiseren. Aanpassing van de businesscase kan dan noodzakelijk zijn om het commitment te behouden. Ook al is de seniorgebruiker verantwoordelijk voor het batenmanagement, als opdrachtgever kun je het dus niet 'over de muur gooien' en zeggen: regel het maar. Meer over batenmanagement vind je in hoofdstuk 4.

3 Wie is verantwoordelijk voor risico's?
Een risico is iets wat in de toekomst zou kunnen gebeuren met gevolgen voor het succes van het project. Een risico-eigenaar is iemand die het op zich heeft genomen om een specifiek risico in de gaten te houden en de benodigde acties in gang te zetten wanneer het risico zich voordoet.

Een valkuil bij het benoemen van risico's is dat dit ontaardt in het bedenken wat er allemaal mis zou kunnen gaan. Risicoanalyse wordt dan een doel op zich. Zie erop toe dat ook de risicoanalyse steeds verbonden is met de businesscase van het project: de vraag is niet *wat er mis kan gaan*, maar *wat er mis kan gaan dat realisatie van de businesscase kan bedreigen*.

Uiteraard is het van groot belang om zo snel mogelijk te reageren wanneer een risico inderdaad optreedt. Bij het verdelen van risico-eigenaarschap geldt dan ook het principe 'alle hens aan dek'. Dat wil zeggen dat diegene, die het best in staat is om het risico snel op te merken, het risico-eigenaarschap op zich moet nemen, ongeacht zijn rol in de projectorganisatie. Wanneer een stuurgroeplid het optreden van een bepaald risico waarschijnlijk eerder zal opmerken dan de projectmanager, dan is het dus verstandig om het risico-eigenaarschap te beleggen bij dit stuurgroeplid en niet te delegeren aan de projectmanager.

Bedenk bij risicomanagement dat de perceptie van risico nauw verbonden is met het belang dat iemand heeft: de meeste mensen denken meer aan het brandrisico van hun eigen huis dan van het huis van een ander. Verschillende belanghebbenden (zoals gebruiker, leverancier, projectmanager, opdrachtgever) ervaren daarom verschillende risico's. Zie er daarom op toe dat verschillende belanghebbenden hun inbreng hebben in het risicomanagement en zo elkaars blinde vlekken kunnen wegnemen.

> **'Zorgen'**
> Wanneer je aan belanghebbenden vraagt om na te denken over risico's, dan kun je soms de reactie krijgen 'dat dat iets voor de projectmanager is'. Vraag daarom niet naar risico's, maar vraag: wat is je grootste zorg over dit project? Dit leidt doorgaans tot betere antwoorden. Wanneer een projectteam een risicoanalyse heeft gemaakt, en je vraagt daarna de stuurgroepleden naar hun zorgen, dan leidt dat in de praktijk vaak tot relevante toevoegingen aan de risicoanalyse.

Meer informatie over het omgaan met risico's vind je in hoofdstuk 6.

4 Wie is verantwoordelijk voor de projectborging?

Het feit dat stuurgroepleden verantwoordelijkheden dragen voor een project, betekent dat zij toezicht moet (laten) houden op de uitvoering. Als het mis gaat, is 'ik wist het niet' of 'de projectmanager had niets gezegd' nou eenmaal geen goed argument. Onafhankelijk toezicht door of namens een stuurgroeplid op de uitvoering van een project heet projectborging. Wanneer je als stuurgroeplid (een deel van) je borgende rol delegeert, wees dan duidelijk over wat er geborgd moet worden en over het toetsingskader.

> **Wat is borging?**
> Borging betekent zekerstelling. Wanneer er iets misgaat, is er een voorziening waardoor het toch nog goed komt. Een bergbeklimmer is geborgd door middel van een touw: wanneer hij met zijn handen en voeten (primair systeem) van de bergwand glijdt, dan hangt hij nog aan een touw (secundair systeem). Na eventuele corrigerende acties kan de besturing worden teruggegeven aan het primaire systeem. De bergbeklimmer is niet gevallen en kan verder klimmen. Uiteraard is een honderd procent garantie niet mogelijk, noch in bergbeklimmen, noch in projectmanagement.
>
> 'Projectborging? In de bouw noemen we dat gewoon een opzichter, dat is iemand die namens de opdrachtgever over de bouwplaats loopt.'

Projectborging hoeft zich niet te beperken tot een controlerende rol. Waar zinvol kunnen personen in een projectborgingsrol de projectmanager ook adviseren, zolang hun onafhankelijkheid ten opzichte van de projectmanager maar niet in gevaar komt[5].

Delegeer selectief

Vaak is het beter dat leden van de stuurgroep een deel van hun borgingsrol delegeren, omdat deze anders onvoldoende aandacht krijgt door de druk van hun dagelijkse bezigheden. Een toetsing door een onafhankelijke specialist met de juiste kennis is in beginsel goedkoper en effectiever dan een toetsing door de stuurgroep tijdens een vergadering. De verantwoordelijkheid blijft echter bij de leden van de stuurgroep en te veel controle schiet zijn doel voorbij. Wees daarom selectief met het formeel beleggen van projectborgingstaken: beperk je tot die aspecten die wezenlijk zijn voor het realiseren van de businesscase. Communiceer hierover met degenen die de borgingsactiviteiten uitvoeren, zodat zij hun eigen rol kunnen verbinden met het doel van het project. Zie erop toe dat iedereen die een gedelegeerde projectborgingstaak heeft, weet namens welk stuurgroeplid hij deze taak vervult. Zodra niet meer duidelijk is namens wie de borging plaatsvindt, loop je het risico dat dit een doel op zich wordt met overbodige controles en bureaucratie als resultaat. Zie hoofdstuk 2 voor meer informatie over projectborging en hoe je deze effectief kunt inrichten.

Overige verantwoordelijkheden

Naast de bovengenoemde verantwoordelijkheden is de stuurgroep ook eindverantwoordelijk voor de beheersing van scope, kwaliteit, planning en kosten en de besluitvorming over wijzigingen daarvan. Dit komt in volgende paragrafen aan de orde bij het derde en het vierde principe.

Samenvatting

Het tweede principe, *organiseer eigenaarschap*, helpt belanghebbenden om, in verbinding met de businesscase, specifieke individuele verantwoordelijkheden op zich te nemen. Het draagt bij aan:

- Grotere effectiviteit: het nemen van verantwoordelijkheid door businessmanagers komt ten goede aan onder meer communicatie, batenmanagement, kostenmanagement, risicomanagement en kwaliteitsmanagement.
- Efficiënter vergaderen: doordat stuurgroepleden ook buiten de vergadering duidelijke verantwoordelijkheden hebben, hoeven niet alle details binnen de stuurgroepvergadering geregeld te worden.
- Efficiency en snelheid in de uitvoering: wanneer de projectmanager iets niet zelf kan oplossen, weet hij altijd welk stuurgroeplid het betreffende punt in portefeuille heeft, zodat hij het betreffende stuurgroeplid kan aanspreken in plaats van naar de gehele stuurgroep te escaleren.
- Betrouwbaardere informatie en minder risico dat de projectmanager zaken 'onder de pet houdt': doordat stuurgroepleden in hun borgende rol onafhankelijk informatie krijgen, is de stuurgroep voor zijn informatievoorziening niet alleen afhankelijk van de rapportages van de projectmanager.
- Het belangrijkste: het creëren van draagvlak. Door duidelijke verantwoordelijkheden te beleggen, bijvoorbeeld als stuurgroeplid, risico-eigenaar of bateneigenaar, is de deelname van belanghebbenden niet meer vrijblijvend en heb je als opdrachtgever de last van het project niet alleen op je schouders.

■ 1.3 HET DERDE PRINCIPE: RICHT JE OP PRODUCTEN

Sturen op resultaat

Wanneer je als opdrachtgever een projectplan moet beoordelen, ben je niet primair geïnteresseerd in fasen of activiteiten, maar in het projectresultaat: wat krijg ik, wanneer krijg ik dat en wat kost dat. Gebruikers zijn in de eerste plaats geïnteresseerd in wat een project hen aan tastbare resultaten oplevert. En ook bij de aansturing van leveranciers moet centraal staan welke tastbare resultaten zij opleveren. In een goed transparant plan staan daarom producten (deliverables, zowel tussenproducten als het eindproduct) centraal[6]. Het opleveren van deze

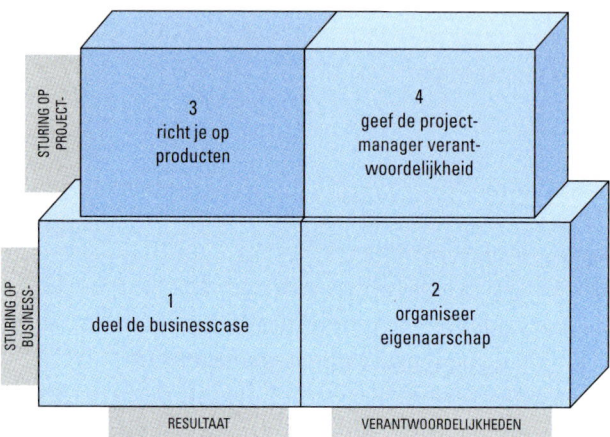

Figuur 1.5 Het derde principe

producten is de verantwoordelijkheid van de projectmanager. Andere aspecten, zoals tijd, geld en kwaliteit staan niet op zichzelf, maar zijn gerelateerd aan deze producten: wanneer krijgen we deze producten, wat kosten deze producten, aan welke eisen voldoen deze producten. Tijdens de uitvoering wil je steeds weten of het gaat lukken om deze producten conform afspraken te leveren, zodat je, indien nodig, tijdig kunt bijsturen. Je wilt tenslotte sturen op resultaat.

Heldere scope
Het fundament van een goed plan is daarom de overeenstemming over de op te leveren producten, dat wil zeggen dat:
- de gebruikers deze producten met de beschreven kwaliteit op zodanige wijze willen gebruiken dat dit leidt tot de beoogde baten en dat de beheerders deze kunnen beheren en onderhouden;
- de interne of externe leverancier(s) deze tegen de beschreven voorwaarden kan/kunnen leveren, en dat:
- de opdrachtgever deze wil betalen, omdat hij de overtuiging heeft hiermee de businesscase te kunnen realiseren.

Ervaring leert dat de vraag welke producten een project nu precies moet opleveren – wat is er klaar als het klaar is? – tot veel discussie kan leiden. Deze discussie is nuttig. Uiteindelijk kun je namelijk niet om deze vraag heen en hoe later de juiste antwoorden worden gevonden, des te kostbaarder het is om bij te sturen. Niet alle producten hoeven meteen in detail gespecificeerd te zijn: een goed projectplan beschrijft globaal de producten, die in de loop van het project verder worden beschreven en/of uitgewerkt. Producten zijn de ideale basis voor het bepalen van de grenzen van het project: de scope.

> **Producten en commitment**
>
> Als je een plan ter goedkeuring bespreekt in de stuurgroep, spreek mensen dan aan op hun portefeuille. Vraag bij de paragraaf met de te leveren producten aan de seniorgebruiker of hij achter deze producten staat, of hij de omschrijving door de juiste mensen heeft laten toetsen en of hij de overtuiging heeft dat de gebruikers met deze producten de beoogde baten zullen realiseren. Vraag bij de planning en de begroting aan de seniorleverancier of hij deze door de juiste mensen heeft laten toetsen en of hij de beschikbaarheid kan garanderen van de juiste specialisten om deze producten te leveren. Vraag bij de beschrijving van de tussentijdse kwaliteitscontroles en uiteindelijke acceptatie van producten door gebruikers aan de seniorgebruiker of hij de beschikbaarheid van de juiste mensen van gebruikerszijde hiervoor kan garanderen. Als bovengenoemd fundament – het commitment van gebruikers en leveranciers aan de te leveren producten en de daarvoor benodigde resources – niet aanwezig is, dan is de kans groot dat dit later in het project leidt tot onnodige extra kosten en vertragingen of totale stagnatie.

Voorbeelden van producten

Een product kan eenvoudigweg materieel van aard te zijn, zoals 'bouwrijp terrein' of 'goedgekeurd document'. Het gaat erom dat er sprake is van een controleerbaar resultaat. Soms gaat het om mensen die na het project iets zouden moeten weten of kunnen. Een voorbeeld van zo'n product is: 'geïnformeerde bewoners'. Je kunt beschrijven welke informatie de bewoners zouden moeten hebben en controleren of ze geïnformeerd zijn. Een ander voorbeeld is: 'getrainde medewerkers'. Je kunt beschrijven wat deze medewerkers zouden moeten kunnen en controleren of ze dat inderdaad kunnen.

Sommige termen zijn bij de beschrijving van producten op veel manieren te interpreteren. Een klassieker op dit gebied is de term 'proces', bijvoorbeeld in 'een nieuw werkproces voor de afhandeling van klachten'. Er is een groot verschil tussen (in volgorde van toenemende scope):
- een beschreven werkproces;
- een door belanghebbenden geaccepteerd werkproces;
- een in een pilot beproefd werkproces;
- een ingevoerd werkproces.

In het eerste geval is het resultaat een document, in het laatste geval is er in de 'echte wereld' iets veranderd, een uitdaging die misschien wel honderd keer groter is. Om de verwachtingen duidelijk te krijgen is een toevoeging nodig zoals 'geaccepteerd' of 'ingevoerd'.

Projecten met een onduidelijk eindproduct

Bij sommige projecten is het nog moeilijker dan bij andere om bij aanvang het eindproduct te beschrijven: denk aan onderzoeksprojecten, projecten waarbij belanghebbenden samen stap voor stap naar een oplossing zoeken (in de IT-wereld: scrumprojecten) of projecten waarbij de haalbaarheid van een specifieke oplossing vooraf niet vaststaat. Richt je ook dan – en misschien zelfs: juist dan – op producten om de scope duidelijk te krijgen:

- Verwacht je aan het einde van het onderzoeksproject slechts een rapport? Of een prototype van een oplossing?
- Verwacht je aan het einde van het scrumproject slechts een geteste en geaccepteerde IT-oplossing? Of een ingevoerde IT-oplossing?
- Verwacht je aan het einde van het project waarbij de haalbaarheid van een oplossing niet vaststaat slechts een beschrijving van een haalbare oplossing? Of een gerealiseerde oplossing?

Voor de tussenresultaten van dergelijke projecten geldt hetzelfde: laat ze benoemen als product. Ook wanneer er nog grote onzekerheid is over de totale projectkosten kun je dan bijvoorbeeld wel aangeven wat een eerste tussenproduct je waard is. Zie voor meer informatie hierover paragraaf 6.3.

Schijnproducten

In projectplannen staan soms zaken genoemd die op het eerste gezicht een product lijken, maar die toch niemand als zodanig kan leveren. Een bloemlezing uit de praktijk:

- 'Draagvlak in de productieafdeling.'
- 'Besluitvorming door de directie over de nieuwe polisvoorwaarden.'
- 'Reductie van de gemiddelde gespreksduur in het callcenter met vier procent.'

De vraag is: kan een projectmanager dit soort zaken als 'producten' conform planning en budget opleveren, zodat het lijnmanagement deze in gebruik kan nemen? Het antwoord is: nee, alleen het lijnmanagement kan deze zaken realiseren. Als je toestaat dat dergelijke zaken 'vermomd als producten' in een projectplan staan, dan sus je de stuurgroep in slaap: deze zou dan immers kunnen denken dat de projectmanager dit gaat opleveren. Pas op voor dit soort 'schijnproducten' en laat alleen producten benoemen die de projectmanager in redelijke mate zelfstandig kan leveren. Als het gaat om draagvlak, besluitvorming of de realisatie van baten, erken dan dat dit een illusie is en zie erop toe dat duidelijk is welk lid van de stuurgroep hier verantwoordelijkheid voor neemt. Zorg dat de projectmanager een concrete en realistische opdracht heeft, dat wil zeggen: de levering van een aantal producten waarvoor hij daadwerkelijk verantwoordelijkheid kan nemen om deze conform planning en budget te leveren. Welk soort producten een projectmanager daadwerkelijk kan leveren verschilt per geval, vooral afhankelijk van de te verwachten weerstand dan wel medewerking van belanghebbenden. In het ene project is het mogelijk een projectmanager een 'geaccepteerde oplossing' of zelfs een 'ingevoerde nieuwe werkwijze' als product conform planning en budget te laten opleveren, in het andere project is dit niet realistisch.

Draagvlak

Gebruikers zijn vaak moeilijk te betrekken bij 'wat er gaat gebeuren': dit is voor een groot deel specialistisch van aard en weinig interessant. Wat wél interessant is voor gebruikers, is welke producten het project levert. Daar hebben zij waarschijnlijk een mening over en daar willen zij waarschijnlijk invloed op hebben. Een project kan gebruikers betrekken bij het specificeren van producten, bij het beoordelen van tussenproducten en bij het accepteren van het projectproduct, of bij het gezamenlijk met specialisten creëren van producten waardoor er minder behoefte is aan formele specificatie en controle. Het centraal stellen van producten is een voorwaarde voor betrokkenheid en dus draagvlak onder gebruikers.

Aanleiding tot discussie

Bij een logistiek project waren meerdere seniorgebruikers afgevaardigd in de stuurgroep. Omdat het over complexe veranderingen ging die de hele keten raakten, konden zij zich moeilijk voorstellen wat er nu precies ging gebeuren. Zij voelden zich daardoor weinig betrokken. Totdat één van hen vroeg: 'Maar wat krijgen we straks precies?' De projectmanager deed een poging op een rijtje te zetten welke concrete producten hij dacht op te leveren. Prompt ontstond een discussie met de verschillende seniorgebruikers, die het zich nu voor konden stellen en in staat waren om mee te denken. Opmerkingen varieerden van 'dat kan nooit werken' tot 'als dat de bedoeling is, kunnen we dan niet veel eenvoudiger ...'. De bijeenkomst leidde tot enkele verbeteringen van het plan waardoor latere implementatieproblemen voorkomen werden en vooral tot meer draagvlak onder de gebruikersvertegenwoordigers.

Grip op kwaliteit

De functionele kwaliteit – dat wil zeggen dat de producten de bedrijfsprocessen effectief ondersteunen – is een verantwoordelijkheid van de seniorgebruiker. De technische kwaliteit – dat de producten voldoen aan specificaties, solide en betrouwbaar zijn en voldoen aan relevante standaards – is een verantwoordelijkheid van de seniorleverancier. Maar hoe kun je als lid van de stuurgroep deze verantwoordelijkheid nou dragen zonder zelf de details te hoeven controleren? Ook hier komt de productgerichte aanpak van pas. Of een product nu op klassieke wijze wordt ontwikkeld (specificeren – ontwerpen – bouwen – testen – accepteren) of op iteratieve wijze (een team van gebruikers en specialisten maakt samen stap voor stap steeds betere versies van een product, vooral in de IT-wereld steeds gebruikelijker), in beide gevallen zijn dezelfde vragen van belang: wie zijn bevoegd om vast te stellen dat een product goed genoeg is, en binnen welke kaders? Door deze zaken duidelijk te benoemen kan de stuurgroep grip op kwaliteit hebben, zonder zelf inhoudelijk producten te hoeven controleren.

> **Wie mag zeggen of het goed genoeg is?**
> Verschillende projectmanagementmethoden gebruiken verschillende termen om de rol aan te duiden van degene die mag bepalen of een product goed genoeg is en dus gereed. Prince2 spreekt van reviewers die deze rol namens de seniorgebruiker vervullen. Reviewers toetsen een product op basis van een goedgekeurde productbeschrijving. Vooral binnen de IT-wereld zijn *agile*-methodieken, met zo min mogelijk bureaucratie, steeds populairder. Deze methodieken zijn minder gericht op controle en meer op vertrouwen, en zijn gericht op integratie van specificeren, ontwerpen, bouwen, testen en accepteren in teams waarin gebruikers en specialisten samenwerken. Eén zo'n methodiek is Scrum. Scrum noemt producten *stories* (verhalen) en stelt dat een *story* gereed is wanneer de tester in het team vindt dat het gereed is. Het is aan de tester om zeker te stellen dat de bedoelingen van de *product owner* (seniorgebruiker) begrepen worden door het team (Kniberg, 2007). Gezien vanuit businessperspectief zou ik het omgekeerde willen benadrukken: het is in ieder geval ook aan de *product owner* (dan wel seniorgebruiker) om zeker te stellen dat de tester en het team zijn bedoelingen begrijpen.

Door erop toe te zien dat de juiste gebruikersvertegenwoordigers de juiste tussenproducten (zoals 'programma van eisen', 'ontwerp' of 'prototype') goedkeuren, kan de seniorgebruiker erop toezien dat gebruikers op de juiste wijze bij het project betrokken zijn en tijdig bijsturen om uiteindelijk een projectproduct met de vereiste kwaliteit te krijgen. Dit betaalt zich terug in de vorm van meer draagvlak onder gebruikers, minder klachten na oplevering van het projectresultaat, minder problemen bij implementatie en minder noodzakelijke herstelacties achteraf.

Grip op voortgang

Het criterium voor voortgangsmeting kan nu helder worden gedefinieerd: de voortgang wordt afgemeten aan het gereed zijn van geplande (tussen)producten. Doordat het criterium voor 'gereed' verbonden is met door de stuurgroep vast te stellen onafhankelijke reviewers, is de voortgangsmeting geobjectiveerd, althans onafhankelijk van de projectmanager. Voor de projectmanager is het hierdoor moeilijker om – bewust of onbewust – stagnatie 'onder de pet' te houden of een te rooskleurig beeld van de voortgang te geven. Door de projectbesturing op producten te richten, heb je een betrouwbaarder beeld van de status van het project en komen tegenvallers in de voortgang zo snel mogelijk boven water.

Grip op budget

Naast kwaliteits- en voortgangscontrole is ook goede budgettaire controle aan producten gebonden. In een goed projectbudget moet staan wat de verschillende te leveren (tussen)producten gaan kosten en in een voortgangsrapportage moet staan wat de tot dusver goedgekeurde (tussen)producten werkelijk gekost hebben. Zo heb je al tijdens de uitvoering, telkens wanneer een tussenproduct gereed is, een objectieve financiële controle, die niet afhankelijk is van subjectieve schattingen. Natuurlijk ben je voor producten die nog niet gereed zijn (onderhanden werk) wel afhankelijk van subjectieve schattingen ('We verwachten voor product X nog 20.000 euro nodig te hebben om het af te maken'). Maar een goed plan zit zo in elkaar dat in ieder stadium van de uitvoering de meeste producten hetzij gereed zijn, hetzij dat er nog niet mee begonnen is, zodat je slechts voor een beperkt deel van je budget afhankelijk bent van schattingen van de voortgang van onderhanden werk. Ook van de budgettaire status heb je zo een betrouwbaarder beeld en financiële tegenvallers komen eerder boven water.

Een bijkomend voordeel van een begroting in producten is dat je als opdrachtgever goed kunt zien waar je geld blijft en ook kunt nadenken over mogelijke kostenbesparingen. Omdat een begroting in producten erg handig is voor een opdrachtgever, zou je dit een 'opdrachtgeversbegroting' kunnen noemen. Een begroting in mensen en middelen is vooral handig voor een leverancier. Dit zou je daarom een 'leveranciersbegroting' kunnen noemen. Zie de voorbeelden in tabel 1.2. Een goede projectmanager maakt een project transparant voor de opdrachtgever, dus van een goede projectmanager mag je een 'opdrachtgeversbegroting' verwachten.

Tabel 1.2 Leveranciersbegroting en opdrachtgeversbegroting

'Leveranciersbegroting' van project X, per resource	
(bedragen x 1000)	
Resource A	€ 250
Resource B	€ 150
Resource C	€ 100
Resource D	€ 300
Totaal	€ 800

'Opdrachtgeversbegroting' van project X, per product	
(bedragen x 1000)	
Product 1	€ 50
Product 1.1	€ 100
Product 1.2	€ 350
Product 2	€ 100
Product 3	€ 200
Totaal	€ 800

Consistentie

Een transparant en goed bestuurbaar plan – een projectplan of een faseplan – is dus gebaseerd op een inzicht in de te leveren producten. Alle relevante hoofdstukken van het plan – de scope, de kwaliteitseisen, de planning en het budget – refereren aan dezelfde verzameling producten. Dit heet productgebaseerde planning (*product-based planning*). Als je de hoofdstukken van het plan naast elkaar legt, kun je van elk product zien aan welke eisen het moet voldoen, wanneer het wordt geleverd en wat het moet kosten. De consistentie en volledigheid (bijvoorbeeld: 'Is alles gepland wat er is gespecificeerd?', 'Is alles begroot wat er is gepland?') zijn zo eenvoudig vast te stellen, ook na het aanbrengen van wijzigingen in het plan. Ook voor projectmanagers levert deze manier van werken veel voordelen op: duidelijk inzicht in producten maakt het eenvoudiger om de impact van wijzigingen te analyseren en helpt om te delegeren werkzaamheden duidelijk af te bakenen.

> **Eenvoudiger**
> 'Het klinkt als een technische term, maar sinds onze projectmanagers met product-based planning werken, vind ik plannen juist eenvoudiger te begrijpen.'

Samenvatting

Het derde principe, *richt je op producten*, is hét fundament voor effectieve aansturing van de projectmanager. Het levert je veel op:
- helderheid over de scope;
- duidelijkere verwachtingen;
- lagere kosten, doordat verschillen in verwachtingen eerder boven water komen (hoe later, hoe duurder);
- meer draagvlak onder gebruikers;
- transparantie in de besturing;
- grip op kwaliteit zonder zelf producten te hoeven controleren;
- betrouwbaarder inzicht in voortgang en kosten, dus minder verrassingen vlak voor het einde;
- minder uitloop, doordat een duidelijke scope (namelijk: de te leveren producten) helpt om geen energie te richten op zaken die buiten scope vallen;
- minder herstelwerk achteraf.

De tijd die je laat besteden aan het benoemen van de te leveren producten en het vaststellen van het draagvlak daarvoor, verdien je meestal ruim terug.

■ 1.4 HET VIERDE PRINCIPE: GEEF DE PROJECTMANAGER VERANTWOORDELIJKHEID

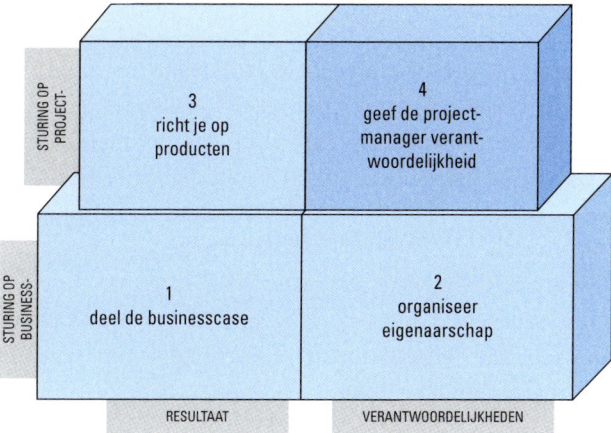

Figuur 1.6 Het vierde principe

Evenwichtige relatie

Een evenwichtige relatie tussen verantwoordelijkheden en bevoegdheden betekent dat een medewerker in voldoende mate invloed kan uitoefenen op zijn te bereiken resultaten. Het is een voorwaarde voor enthousiasme en effectiviteit. Verstoring van deze balans leidt tot disfunctioneren en stress. Een van de uitdagingen van succesvol opdrachtgeverschap is het creëren van een realistische verdeling van verantwoordelijkheden en bevoegdheden tussen opdrachtgever en projectmanager. Dit vereist de bereidheid om de projectmanager concrete verantwoordelijkheden te geven en de bevoegdheden om deze waar te maken: een helder mandaat, inclusief speelruimte om besluiten te nemen.

Verantwoordelijkheid projectmanager

De primaire verantwoordelijkheid van de projectmanager is het opleveren van afgesproken *resultaten* die aan bepaalde *eisen* voldoen binnen bepaalde *voorwaarden*.

- De *projectresultaten* moeten, om concreet te zijn, omschreven zijn als producten: zie hiervoor de vorige paragraaf over het derde principe.
- De *eisen* waaraan de resultaten moeten voldoen hebben met name betrekking op de specificaties, de kwaliteit, de tijdigheid en de kosten.
- De *voorwaarden* waaronder de projectmanager de resultaten levert zijn bijvoorbeeld de juistheid van specificaties en het zich niet voordoen van bepaalde calamiteiten, maar ook de beschikbaarheid van budget en medewerkers en tijdige besluitvorming door de opdrachtgever.

Commitment

Natuurlijk verlangt iedere opdrachtgever van de projectmanager een commitment aan het uiteindelijke projectsucces. De feitelijke verantwoordelijkheid van de projectmanager kan echter alleen betrekking hebben op het per fase leveren van de afgesproken producten en het goed ondersteunen van de besluitvorming door de stuurgroep. Als je wilt dat een projectmanager zich daadwerkelijk committeert, wees dan bereid te onderhandelen over de voorwaarden. Wanneer de projectmanager zich in staat acht het gevraagde resultaat binnen de gestelde voorwaarden te leveren en zijn opdracht aanvaardt, is er sprake van een akkoord tussen stuurgroep en projectmanager. Handhaaf de afgesproken voorwaarden om het commitment van de projectmanager te ondersteunen.

> **Beginner**
> 'Het is meestal eenvoudig een beginnende projectmanager te herkennen: hij vormt zich geen eigen oordeel over de haalbaarheid, stelt geen eisen aan de voorwaarden en stelt geen eisen aan zijn bevoegdheden.'

Mandaat per fase
Misschien zou je het project het liefst in zijn geheel delegeren aan de projectmanager, zodat je zelf intussen wat anders kunt gaan doen. Maar daarvoor is het benoemde eindproduct meestal niet duidelijk genoeg, de omstandigheden kunnen veranderen en er is sprake van voortschrijdend inzicht. Dit zijn allemaal redenen waarom je tussentijds betrokken zult moeten zijn om bij te kunnen sturen. De handigste manier om de projectmanager toch een duidelijke verantwoordelijkheid te geven is om het project te verdelen in gedeelten die duidelijk genoeg zijn af te bakenen om ze wél aan de projectmanager te kunnen delegeren, zogeheten managementfasen.[7] Voor zo'n managementfase geef je de projectmanager een budget en het mandaat om deze fase uit te voeren.

Rapportage
Om de vinger aan de pols te houden, maak je afspraken over periodieke voortgangsrapportage. Hiermee legt de projectmanager bijvoorbeeld maandelijks verantwoording af. Maar soms is een periodieke verantwoording achteraf niet voldoende. Er zijn situaties waarin je meteen geïnformeerd wilt worden, zodat je direct kunt bijsturen. Spreek daarom ook af binnen welke grenzen de projectmanager zelfstandig mag bijsturen, en wanneer je direct gealarmeerd wil worden: alarmgrenzen oftewel toleranties. De managementfase en de toleranties zou je 'de lengte en de breedte' van het mandaat van de projectmanager kunnen noemen.

Dit is het principe van sturing op uitzonderingen: het is gebaseerd op een expliciet mandaat, afgebakend met toleranties, zodat een projectmanager zelfstandig kan functioneren wanneer het kan en direct aan de bel trekt wanneer het moet. Het resultaat is dat de projectmanager met zijn team voldoende ruimte heeft om gemotiveerd aan de slag te gaan en dat je als opdrachtgever – al dan niet met je stuurgroep – wanneer dat nodig is betrokken bent om besluiten te nemen:
- bij de afronding van een managementfase om mandaat te geven voor de volgende fase;
- in geval van uitzonderingen tijdens de uitvoering van een managementfase om dit mandaat te wijzigen of in te trekken.

Natuurlijk kun je altijd op eigen initiatief de stuurgroep bijeen roepen om besluiten te nemen, bijvoorbeeld naar aanleiding van politieke of bestuurlijke ontwikkelingen.

> **Geen helder mandaat toegekend**
> 'De planning van het project was permanent aan het glijden. In feite werden we geleefd. Ik heb het gevoel dat we nooit een bewust besluit hebben genomen om door te gaan, de koers te verleggen of te stoppen.'

Telkens wanneer je een besluit neemt over de voortgang toets je – soms in een oogwenk, soms na een grondig onderzoek – of de businesscase van het project nog valide is. Valide wil zeggen of de businesscase de strategische doelen van de organisatie nog optimaal ondersteunt. Zo voorkom je dat een project een eigen leven gaat leiden en behoud je de strategische focus, ook bij veranderende omstandigheden en voortschrijdend inzicht.

> **Motivator**
> De verdeling in managementfasen geeft niet alleen meer grip aan de stuurgroep, het is ook een motivator voor het projectteam. Immers, naast het verderweg gelegen einddoel van het project is er nu ook een concreet dichtbij gelegen doel dat gehaald moet worden: het tijdig afronden van de managementfase ten behoeve van de besluitvorming door de stuurgroep.

Welke managementfasen?

Wat een goede verdeling in managementfasen is, verschilt per project. Het ene project vereist meer strategische toetsingsmomenten dan het andere, bij het ene project zijn de te leveren resultaten duidelijker dan bij het andere, het ene project loopt langer of is complexer dan het andere, de ene projectmanager kun je meer verantwoordelijkheden en bevoegdheden geven dan de andere. Soms vraagt de aard van een project om specifieke fasen, bijvoorbeeld om leveranciers te selecteren, een maquette te bouwen en van commentaar te laten voorzien, of om een technische oplossing uit te proberen.

> **Samen**
> Kom samen met de projectmanager tot een optimale fasering op basis van een afweging van de strategische en praktische aspecten. Te veel managementfasen betekent onnodige overhead vanwege een teveel aan formele besluitvorming. Te weinig managementfasen betekent een te ruim mandaat voor de projectmanager en onvoldoende strategische toetsing.

Besluitvorming in twee stappen

Toch is er één fase die we vrijwel altijd nodig hebben. Dit heeft te maken met het feit dat een project een investering is, en dat we investeringsbeslissingen meestal in twee stappen nemen. Wanneer je bijvoorbeeld je huis wilt verbouwen, dan is het *eerste besluit* dat je het in principe wel zou willen en dat je er tijd in gaat steken om uit te zoeken wat er mogelijk is en wat het ongeveer zou kosten. Op basis daarvan ga je aan de slag, bijvoorbeeld met een architect en een aannemer. Wanneer je een tekening en een begroting hebt neem je het *tweede besluit*, namelijk om daadwerkelijk te investeren. Deze eerste fase, tussen het principebesluit en het besluit om het project daadwerkelijk uit te voeren, noemen we de *initiatiefase* (ook wel: definitiefase). De projectmanager is dan verantwoordelijk voor het onderbouwen van een investeringsbesluit. De mate van detail en zekerheid die er nodig zijn om deze fase af te ronden kan verschillen. In het voorbeeld van de verbouwing zal de ene opdrachtgever ook willen weten wat het kost om de stoffering en de tuinaanleg aan te passen, terwijl de andere opdrachtgever dit niet nodig vindt. Het minimale aantal managementfasen – voor een eenvoudig project kan dit voldoende zijn – bedraagt twee: een initiatiefase en een fase voor de uitvoering.

> **Projectinitiatiedocumentatie**
> De totale verzameling informatie die je als opdrachtgever aan het eind van de initiatiefase nodig hebt om de belangrijkste investeringsbeslissing over het project te nemen wordt in de Prince2-omgeving aangeduid als de projectinitiatiedocumentatie, vaak afgekort tot PID[8]. Deze kan naast een beschrijving van de businesscase onder meer informatie bevatten over de projectorganisatie, projectdoelstellingen, afbakening, aanpak, fasering en planning, te verwachten kosten, risico-inventarisatie en een aanpak op het gebied van kwaliteit en communicatie. Wees duidelijk over welke informatie je hiervoor nodig hebt en laat de projectmanager zich hier in de eerste fase geheel op richten, zodat er geen overbodige zaken worden gedaan en je deze investeringsbeslissing zo snel mogelijk kunt nemen.

Hoewel 'eerst denken, dan doen' een open deur is, zijn oorzaken van problemen in projecten toch vaak terug te voeren op onvoldoende voorbereiding. Men heeft bijvoorbeeld onvoldoende tijd genomen om de belanghebbenden bij het project te betrekken, om risico's in te schatten of om het eens te worden over de te leveren producten. Herstellen wat hierbij over het hoofd is gezien, wordt in de loop van het project steeds kostbaarder.

> **Moed**
> 'In onze organisatie is de heersende cultuur positief denken, vertrouwen op succes en er helemaal voor gaan. Wie een risicoanalyse wil doen, is al gauw iemand die beren op de weg ziet. Het vereist bij ons moed om genoeg tijd voor projectvoorbereiding te claimen.'

Businesscase en risico's

Na de initiatiefase volgen één of meer uitvoerende fasen. Kom tegen het einde van elke fase met de stuurgroep bijeen om te toetsen of het project op de juiste koers ligt en om de projectmanager mandaat te geven voor de volgende fase. Het is niet de bedoeling om in zo'n bijeenkomst de opgeleverde producten inhoudelijk te bespreken. De controle van die producten door de hiervoor aangewezen reviewers moet dan al gedaan zijn. Eventueel kan de stuurgroep besluiten nemen over de formele vrijgave van producten. Praat met de stuurgroep vooral over de status van het project ten opzichte van de businesscase en risico's, en besluit of en hoe het project wordt voortgezet.

> **Communicatiemoment**
> Gebruik de overgang naar een volgende fase als communicatiemoment, uiteraard met verwijzing naar de businesscase. Voor het draagvlak voor het project is het goed dat het management (vertegenwoordigd in de stuurgroep) hiermee laat zien nog steeds achter het project te staan.

Helder mandaat

Een bekende valkuil in het functioneren van stuurgroepen is te veel betrokken raken bij operationele details. Dit leidt er niet alleen toe dat de projectbesturing minder efficiënt wordt door onnodig vaak en lang vergaderen. Nog ernstiger is dat de besturing waarschijnlijk minder effectief wordt. Door de betrokkenheid bij de hectiek van de dag wordt het voor de stuurgroep steeds moeilijker om voldoende afstand te nemen voor strategische sturing en borging.

De aanleiding tot de betrokkenheid bij operationele details ligt vaak in het feit dat het mandaat van de projectmanager niet duidelijk is – bijvoorbeeld omdat niet duidelijk is welke producten hij gaat leveren – of dat er afwijkingen zijn van het plan – en die zijn er vrijwel altijd. Om het 'wegzakken in details' van de stuurgroep te voorkomen, is het belangrijk dat er een duidelijk onderscheid is tussen de verantwoordelijkheid van de stuurgroep (strategische sturing) en die van de projectmanager (dagelijkse leiding). Benoem daarom per managementfase expliciet het mandaat van de projectmanager. Immers, alleen met een helder mandaat kan het duidelijk zijn wanneer de projectmanager zelf mag bijsturen en wanneer hij naar de stuurgroep moet escaleren. Een helder mandaat benoemt onder meer de te leveren producten, wie bevoegd is de kwaliteit te toetsen, de kosten en de planning, en de al eerder genoemde toleranties. Dit mandaat heeft betrekking op een managementfase en wordt daarom aangeduid als faseplan. Zo'n faseplan is niet bedoeld om de uitvoering 'in beton te gieten', maar is een referentiekader voor voortgangsmeting en rapportage, zodat er goed bijgestuurd kan worden.

Rapportage

Op basis van een faseplan met toleranties zoals hierboven omschreven kan de projectmanager permanent inschatten of hij verwacht de lopende fase binnen de afgesproken grenzen te zullen afronden. Zolang hij verwacht dat dat het geval is, kan hij zich periodiek achteraf verantwoorden. Dit heet een *voortgangsrapportage* (*highlight report*). Zodra hij verwacht dat dat niet het geval is, moet hij niet tot het einde van de rapportageperiode wachten, maar direct alarm slaan. Dit heet een *afwijkingsrapportage* (*exception report*).

Voortgangsrapportage

In een voortgangsrapportage beschrijft de projectmanager de afgelopen periode en blikt hij vooruit naar de komende periode. Hij vergelijkt zijn verwachting ten aanzien van het einde van de lopende fase met het plan voor deze fase. Als hij laat zien dat het verschil binnen de toleranties valt, dan is de uitvoering van het project onder controle. Er zijn geen besluiten nodig en er is voor de stuurgroep geen noodzaak om formeel te vergaderen. Afhankelijk van het project kunnen uiteraard allerlei andere vormen van contact wenselijk zijn. En de stuurgroep blijft verantwoordelijk voor de controle op de juistheid van de voortgangsrapportage (projectborging). In paragraaf 7.3 lees je hoe je de kwaliteit van een voortgangsrapportage kunt toetsen.

Afwijkingsrapportage

Bij een afwijkingsrapportage draait het in de eerste plaats om snelheid. Als opdrachtgever wil je het meteen weten wanneer het project niet meer onder controle is. In de meeste omgevingen is het logisch dat het eerste contact over een afwijking mondeling plaatsvindt. Je kunt dan meteen met de projectmanager spreken over de vraag *hoe verder?* Een goede projectmanager kent de businesscase van het project en zal op basis hiervan een advies geven. De basisopties zijn *stoppen* of *doorgaan*, waarbij de tweede optie voorzien kan worden van wijzigingen van onder meer de scope, de kwaliteitseisen, het budget of de planning. Maar je kunt ook ingrijpen in de besturing van het project, bijvoorbeeld door de samenstelling of verantwoordelijkheden van de stuurgroep te wijzigen of de projectmanager te vervangen. Wanneer je het faseplan en eventueel het projectplan laat aanpassen (zo'n gewijzigd plan wordt een *afwijkingsplan* genoemd[9]) en de stuurgroep dit nieuwe plan heeft goedgekeurd, dan is de *baseline* van het project gewijzigd. Dit wil zeggen dat de projectmanager de voortgang nu verder moet afmeten ten opzichte van het gewijzigde plan.

> **Hamvraag: is er actie nodig?**
> Misschien is er in je organisatie nog geen bekendheid met het mechanisme van afwijkingsrapportages en ontvang je dus alleen periodieke voortgangsrapportages. Ook in dat geval moet voor iedere voortgangsrapportage duidelijk zijn wat de strekking ervan is. Is het een verantwoording ter toetsing, of is het een escalatie? Met andere woorden: is er actie van de opdrachtgever nodig, ja of nee?
>
> Overigens: ook als niemand nog weet wat een afwijkingsrapportage is, kun je aan de projectmanager duidelijk maken wanneer je meteen gebeld wilt worden.

Twee soorten beslismomenten

De stuurgroep kent gedurende de uitvoering van het project dus twee soorten beslismomenten: bij faseovergangen (gepland) en bij afwijkingen buiten toleranties (ad hoc). De stuurgroep hoeft hiervoor niet altijd fysiek bijeen te komen, de besluitvorming kan ook plaatsvinden in een telefonische vergadering of na consultatie van de leden van de stuurgroep door de voorzitter.

Minder vergaderen?
Het toekennen van een duidelijke verantwoordelijkheid aan de projectmanager in de vorm van op te leveren producten, in combinatie met afspraken over bevoegdheden waaronder toleranties, maakt het voor de stuurgroep mogelijk om minder te vergaderen, namelijk alleen wanneer er besluiten te nemen zijn. Toch is het *niet* aan te raden om zonder meer te stoppen met periodiek vergaderen en alleen nog bijeen te komen bij faseovergangen en afwijkingen; dit zou de controle door de stuurgroep aantasten. Waarschijnlijk zijn er eerst een aantal stappen nodig om de besturing en controle te verbeteren en zo de voorwaarden te scheppen voor sturen op uitzonderingen. Meer hierover vind je in paragraaf 2.6.

Maar zelfs als de voorwaarden voor 'sturen op uitzonderingen' aanwezig zijn, houden sommige managers graag vast aan regelmatige stuurgroepvergaderingen. In de woorden van een manager uit de verzekeringsbranche: 'Bij grote projecten is er wekelijks een korte stuurgroepbijeenkomst. Zo blijven we heel dicht bij elkaar, helpen we elkaar en worden misverstanden besproken.' Wanneer je hiervoor kiest, dan zijn aandachtspunten: de focus op de businesscase (in plaats van te verzanden in de details van de uitvoering), het afspreken van individuele verantwoordelijkheden van stuurgroepleden (dus niet alleen: 'we komen er samen wel uit'), helderheid over het op te leveren projectresultaat en de handhaving van de zelfstandige verantwoordelijkheid van de projectmanager.

Samenvatting

Het vierde principe, *geef de projectmanager verantwoordelijkheid*, schept voor de projectmanager optimale voorwaarden voor de aansturing van zijn team en de samenwerking met de stuurgroep. Het biedt de volgende voordelen.

- Het is motiverend voor de projectmanager en zijn team, omdat zij binnen de afgesproken kaders een duidelijk herkenbare bijdrage leveren aan het succes van het project.
- Het is efficiënt, omdat het voorkómt dat er onnodige afstemming nodig is door onduidelijke verantwoordelijkheden en bevoegdheden.
- Het toekennen van budget en het afspreken van tolerantiegrenzen per fase combineert expliciete ruimte voor de projectmanager met volledige verantwoordelijkheid voor de stuurgroep. Door de grenzen juist te kiezen creëer je een goed werkbare combinatie van flexibiliteit en controle.
- Doordat de stuurgroep niet wegzakt in details maar gericht blijft op strategische toetsing en besluitvorming borg je de businessoriëntatie van de besturing.
- Minder en gerichter vergaderen bevordert de efficiency van de besturing: stuurgroepvergaderingen zijn gericht op het nemen van besluiten. Controle op de uitvoering vindt niet plaats tijdens stuurgroepvergaderingen, maar buiten de vergaderingen op basis van voortgangsrapportages en projectborging, waar wenselijk aangevuld met informele contacten.

■ OMGEKEERDE SAMENVATTING: DE VIER PRINCIPES VAN *FALEND* OPDRACHTGEVERSCHAP

De vier principes van falend opdrachtgeverschap luiden als volgt.
1. *Begin zonder gedeelde businesscase.* Voordelen: iedereen kan zijn eigen beelden van het project houden, er is gedurende het gehele project volop ruimte voor politiek en ieder detail biedt een nieuwe kans om fundamentele discussies te voeren.
2. *Organiseer geen eigenaarschap bij het businessmanagement.* Voordelen: het project kan een eigen leven gaan leiden, managers hoeven elkaar niet aan te spreken en wanneer het project mislukt hoeven managers zich niet verantwoordelijk te voelen.
3. *Vraag niet welke concrete producten er worden opgeleverd.* Voordelen: gebruikers begrijpen niet wat er in het project gebeurt zodat ze zich er niet mee

kunnen bemoeien, leverende partijen kunnen zelf invullen wat ze precies leveren en overschrijdingen van planning en budget kunnen zo lang mogelijk onzichtbaar blijven.
4. *Geef de projectmanager geen duidelijke verantwoordelijkheid.* Voordelen: je hoeft niet aan te geven wanneer je gealarmeerd moet worden waardoor ook je eigen verantwoordelijkheid voor de uitvoering onduidelijk blijft, de projectmanager kan tegenvallers goed onder de pet houden en het project kan uitlopen zonder dat je er ooit een besluit over hoeft te nemen.

Een belangrijk voordeel van alle vier deze principes is dat geen leiderschapskwaliteiten vereist zijn en dat de status quo niet hoeft te veranderen.

Noten bij Hoofdstuk 1

[3] Een businesscase is meer dan een financiële kosten-batenafweging (zie paragraaf 2.1). Een businesscase kan ook over niet-financiële aspecten gaan, bijvoorbeeld over gezondheid of veiligheid.

[4] Voorbeelden van stuurgroepstartups vind je in '*Waarom doen we dit eigenlijk?*' (Van der Molen, 2010).

[5] In sommige organisaties gebruikt men het begrip *borging* in een bredere betekenis. Men heeft het dan over de borging van een projectresultaat en bedoelt daarmee het zekerstellen dat het projectresultaat gebruikt wordt, het verankeren van de resultaten in de staande organisatie. Dit boek gebruikt de term *borging* in zijn oorspronkelijke, engere betekenis zoals in deze paragraaf toegelicht.

[6] Dit zijn zogeheten *businessproducten*, dat wil zeggen producten die de organisatie nodig heeft. Dit in tegenstelling tot *managementproducten*, dit zijn plannen en rapportages en dergelijke, noodzakelijke overhead om het project te managen. In dit boek verwijst de term 'producten', tenzij anders vermeld, naar businessproducten.

[7] Een managementfase is niet altijd hetzelfde als een technische fase. Technische fasen, bijvoorbeeld *ontwerp* en *realisatie*, vloeien vaak voort uit het creatieproces. Het ene product wordt vaak al gerealiseerd, terwijl het andere nog ontworpen moet worden, dus technische fasen kunnen elkaar overlappen. Managementfasen hebben betrekking op alle activiteiten die gedurende een bepaalde periode binnen het project worden uitgevoerd. Een volgende managementfase begint pas na afronding van de vorige.

[8] In ISO 21500 komt dit overeen met het geheel van businesscase, projectmanagementplan en projectplan.

9   Bij een beperkte afwijking laat men het document dat het plan beschrijft soms ongewijzigd en neemt men een besluit over een wijzigingsverzoek, waarin alleen de wijziging wordt gedocumenteerd. Na dit besluit bestaat het goedgekeurde plan dan uit de combinatie van het oorspronkelijke plan plus het goedgekeurde wijzigingsverzoek.

2 De stuurgroep nader bezien

Het tweede principe, *organiseer eigenaarschap*, besteedt veel aandacht aan de stuurgroep als verbindende schakel tussen het project en de staande organisatie. In de praktijk zijn er veel vragen over de optimale bemensing, de ondersteuning en het functioneren van stuurgroepen. Daarover gaat dit hoofdstuk.

2.1 WIE VERVULT DE OPDRACHTGEVERSROL?

Om de juiste opdrachtgever te vinden, is het belangrijk te weten wat de businesscase van het project is. De ideale opdrachtgever heeft meer dan anderen belang bij de realisatie van de businesscase en voelt zich hier verantwoordelijk voor. Hij voelt zich 'eigenaar van de businesscase'.

> **Voorbeelden**
>
> Het gaat dus niet om de aard van het te leveren *product*, maar om de aard van *de businesscase*. Zo kan bij de bouw van een nieuw theatergebouw, met als belangrijkste reden het vergroten van de aantrekkelijkheid van het theater voor het publiek, het opdrachtgeverschap berusten bij de directeur van het theater. Bij de bouw van een nieuw kantoorgebouw, met als belangrijkste reden het reduceren van de huisvestingskosten, kan het opdrachtgeverschap berusten bij de manager facilitaire zaken.
>
> Het niveau waarop het opdrachtgeverschap wordt belegd, hangt samen met het niveau van de baten. Bijvoorbeeld voor een project dat bijdraagt aan de vergroting van de omzet van de organisatie is de ideale opdrachtgever diegene die verantwoordelijk is voor de omzet van de organisatie. Wanneer het niet gaat over de omzet van de organisatie als geheel, maar over de omzet van product X of in markt Y, dan is de ideale opdrachtgever degene die (het meest) verantwoordelijk is voor de omzet van product X dan wel in

markt Y. Zoals een manager met een sterke financiële gerichtheid ooit zei: 'Als een project echt mijn project is, voel ik bij elk wijzigingsvoorstel aan mijn portemonnee of het een goed idee is.'

Soms zijn meerdere managers verantwoordelijk voor de realisatie van bepaalde baten. Kijk dan wie van hen het meeste belang bij de te realiseren baten heeft, binnen wiens organisatieonderdeel de meest complexe of risicovolle ingrepen plaatsvinden (daar zijn de moeilijkste besluiten vereist), wie het meeste gezag heeft in de organisatie of wie de grootste kwaliteiten heeft als opdrachtgever, om zo tot een keuze te komen. De anderen kunnen een rol als seniorgebruiker vervullen.

Wanneer twee partijen samen investeren kan er sprake zijn van een volstrekt gelijkwaardige relatie, waarin het onmogelijk is om één opdrachtgever te kiezen. Toen bijvoorbeeld de beheerders van de hoogspanningsnetwerken in Noorwegen en Nederland besloten een onderzeese verbinding tussen hun beider netwerken aan te leggen om elkaars pieken en dalen in de elektriciteitsvoorziening te helpen opvangen, namen zij ieder vijftig procent van de investering voor hun rekening. Beiden wilden een opdrachtgever leveren. De partijen besloten om bij toerbeurt steeds zes maanden de opdrachtgeversrol te vervullen en dus de stuurgroep voor te zitten. Tijdens het voorzitterschap van de een was de ander vicevoorzitter en andersom. Op deze manier zorgden zij toch voor duidelijkheid in de besturing met één aanspreekpunt voor de projectmanager.

Bevoegdheden

Om de businesscase te kunnen realiseren, moet de opdrachtgever bevoegd zijn de nodige besluiten te nemen. De marges waarbinnen de opdrachtgever besluiten mag nemen noemt men de projecttoleranties. Een voorbeeld van zo'n projecttolerantie is een wijzigingsbudget, zodat de opdrachtgever – in overleg met de overige stuurgroepleden – wijzigingsvoorstellen kan goedkeuren. Projecttoleranties kunnen betrekking hebben op tijd, geld, kwaliteit, scope, risico of baten. Benoem deze zaken in het projectvoorstel: ze zijn immers bepalend voor het mandaat van de opdrachtgever.

Opdrachtgeverschap delegeren?

Voor een niet-strategisch project kan het zijn dat je het opdrachtgeverschap beter op een lager niveau in de organisatie kunt beleggen. Soms spreken we dan van 'gedelegeerd opdrachtgeverschap'. In de publieke sector is het delegeren van de opdrachtgeversrol een veel gehanteerde werkwijze: de 'politiek verantwoordelijke' belegt deze bij een 'ambtelijk verantwoordelijke'. In de praktijk betekent dit soms dat wel de verantwoordelijkheden, maar niet de bevoegdheden worden gedelegeerd. Dit heeft een verlammende werking op de projectbesturing, omdat de 'gedelegeerde opdrachtgever' dan voor elk relevant besluit te rade moet gaan bij de 'echte opdrachtgever'. Wanneer je de opdrachtgeversrol overdraagt, draag dan de rol in zijn geheel over, inclusief de projecttoleranties zoals het wijzigingsbudget. Het gaat dan niet om het 'delegeren van het opdrachtgeverschap' (en zelf alle touwtjes in handen houden), maar om het aanwijzen van een andere persoon voor de rol van opdrachtgever.

Of het opdrachtgeverschap op een lager niveau in de organisatie kan worden belegd, hangt ook af van de mate waarin de businesscase wordt gedragen door belanghebbenden. Bij een project met een omstreden businesscase is het moeilijker om het opdrachtgeverschap effectief op een lager niveau te beleggen. Wanneer je dat toch doet, kunnen belanghebbenden de indruk krijgen dat het hoger management zijn nek niet durft uit te steken, met als gevolg: verdere aantasting van de geloofwaardigheid (en van de kans op succes) van het project.

Ook bij een onomstreden businesscase heeft een gedelegeerd opdrachtgever vaak minder macht en status dan de oorspronkelijke opdrachtgever. Het kan voor hem daardoor moeilijker zijn om draagvlak onder belanghebbenden te creëren. Het enkele feit dat de 'echte' opdrachtgever' zijn rol delegeert – veelal aan een ondergeschikte – kan bij belanghebbenden de indruk wekken dat hij het project minder belangrijk vindt, en gezien worden als een voorbode van een falend project. De gedelegeerde opdrachtgever begint dan al met een achterstand. Om het project toch van voldoende draagvlak te voorzien moet de oorspronkelijke opdrachtgever dan ook zichtbaar zijn als ondubbelzinnig supporter van het project.

Een van de risico's van onvoldoende krachtig ingevuld opdrachtgeverschap is dat de stuurgroep een speelbal wordt van belangen, met een zwalkende koers tot gevolg. *Scope creep* (het ongecontroleerd steeds groter worden van het project) ligt op de loer, omdat de leverancier graag de extra wensen van gebruikers vervult, zonder strikte toetsing aan de businesscase.

'Beroepsopdrachtgevers'

Het ideaalbeeld van de lijnmanager die 'eigenaar van de businesscase' is en op basis daarvan, naast zijn operationele verantwoordelijkheid, de rol van opdrachtgever vervult, is niet meer altijd te handhaven. Door de complexiteit van het opdrachtgeverschap en de competenties die hiervoor nodig zijn, vinden steeds meer organisaties het wenselijk om deze rol te beleggen bij iemand die zich volledig toelegt op het opdrachtgeverschap: de 'beroepsopdrachtgever'. Deze komt voor in verschillende gedaanten, bijvoorbeeld:

- De programmamanager: deze neemt de taak op zich namens het hoger management van de organisatie om een strategische verandering te realiseren. Binnen dit kader vervult hij de rol van opdrachtgever van een of meer projecten. De programmamanager zal over het algemeen nauw samenwerken met het hoger management, dat zo betrokken blijft bij relevante beslissingen.
- De fulltime opdrachtgever als functie in de staande organisatie: een functionaris die zich volledig toelegt op het opdracht geven aan projecten. Deze invulling komt onder meer voor bij Rijkswaterstaat, provincies en bij woningcorporaties die een grote portefeuille aan bouwopdrachten hebben aan te sturen. Tijdens de planvormingsfase hebben tal van belanghebbenden en instanties invloed, maar vooral tijdens de uitvoeringsfase kan deze beroepsopdrachtgever zeer zelfstandig opereren.
- Het bureau voor bouwmanagement: een extern bureau dat namens de opdrachtgever van een bouwwerk de planvorming begeleidt en de aanbesteding en directievoering uitvoert. Deze constructie wordt vooral gekozen door organisaties voor wie het opdracht geven aan bouwwerken niet hun kernactiviteit is, bijvoorbeeld een verzekeringsconcern dat een nieuw hoofdkantoor wil laten bouwen of een ziekenhuis dat een nieuw gebouw nodig heeft. Een belangrijk deel van de opdrachtgeverrol wordt hierbij uit handen genomen, maar de opdrachtgever blijft zelf betrokken bij relevante beslissingen.

Hoe je het opdrachtgeverschap ook delegeert of uitbesteedt, je zult de gedelegeerde opdrachtgever in elk geval een volwaardig mandaat moeten geven dat in relevante mate ruimer is dan dat van de projectmanager. Zonder voldoende mandaat zal de gedelegeerd opdrachtgever voor elk besluit over scope, budget of planning eerst de 'echte' opdrachtgever moeten raadplegen. In dat geval is deze constructie vooral een vertragende schakel in het besluitvormingsproces.

■ 2.2　WIE VERTEGENWOORDIGT DE GEBRUIKERS?

Voor de vertegenwoordiging van gebruikers in de stuurgroep (de rol van seniorgebruiker) zijn vaak nog meer kandidaten dan voor de rol van opdrachtgever, bijvoorbeeld bij de invoering van een nieuwe werkwijze in een groot aantal werkmaatschappijen. Moeten vertegenwoordigers van alle werkmaatschappijen in de stuurgroep zitten? Dan zou de groep onwerkbaar groot worden. Moet dan degene die verantwoordelijk is voor de operationele aansturing van al deze werkmaatschappijen deze rol vervullen? Dan zou deze gebruikersvertegenwoordiger misschien te ver afstaan van de omgeving waar het werkelijke gebruik plaatsvindt. Kies een vertegenwoordiger die enerzijds zo dicht bij de werkelijke gebruikers staat dat problemen in het gebruik directe gevolgen hebben voor het bereiken van zijn eigen zakelijke doelstellingen en die anderzijds in de projectomgeving voldoende autoriteit heeft om met gezag uitspraken op zijn gebied te kunnen doen. Dit zou in het voorbeeld een manager van een van de betrokken werkmaatschappijen kunnen zijn. Maar welke?

Criteria kunnen zijn:
- Persoonlijke senioriteit dan wel gezag van de betrokkene in de organisatie.
- Grootste aantal feitelijke gebruikers of grootste omzet.
- Wie hebben we het hardst nodig om de baten van het project te realiseren?
- Werkmaatschappij waar de meeste invoeringsproblemen verwacht worden ('als het daar werkt, werkt het overal').

Waarschijnlijk voeren de werkmaatschappijen regulier overleg over gemeenschappelijke zaken. De manager die namens de werkmaatschappijen de rol van seniorgebruiker vervult, overlegt dan in dit reguliere overleg met zijn collegamanagers wanneer nodig over het project, zodat er geen afzonderlijke bijeenkomsten nodig zijn.

Leiderschap aan gebruikerszijde
Binnen een dienstverlenende organisatie had een project – gericht op de ontwikkeling van een nieuw product – niets bruikbaars opgeleverd. 'De projectaanpak zag er fantastisch uit: alle betrokken afdelingen en alle specialisten uit de organisatie werden bij het project betrokken, alle eisen werden zorgvuldig geïnventariseerd. Het probleem was dat we niet tot overeenstemming kwamen en dat het uiteindelijke plan een poging was om tegenstrijdige eisen te verzoenen zonder echte keuzes te hoeven maken. Het beoogde eindresultaat had daardoor geen duidelijk gezicht, het sprak niemand aan. Wat we misten was leiderschap aan gebruikerszijde, iemand die een knoop kon doorhakken.'

Een vertegenwoordiger van 'gebruikers' is overigens niet altijd een lijnmanager. Er zijn tal van andere betrokkenen die namens gebruikers in de breedste zin invloed op de specificaties moeten hebben. Bij de ontwikkeling van een nieuw informatiesysteem zijn dat bijvoorbeeld ook de accountant die het systeem moet auditen en de serviceorganisatie die het systeem gaat beheren. Bij de realisatie van een nieuw bedrijfsgebouw zijn dat ook de facilitair manager die het gebouw gaat beheren en de brandweer die de brandveiligheid moet keuren. Er zijn verschillende manieren om al deze belangen recht te doen zonder de stuurgroep uit te breiden, zie ook paragraaf 5.4. De seniorgebruiker heeft de verantwoordelijkheid erop toe te zien dat al deze belanghebbenden de invloed krijgen die hen toekomt.

Onvoldoende vertegenwoordiging van gebruikersbelangen kan ertoe leiden dat onvoldoende toetsing plaatsvindt op de bruikbaarheid, beheerbaarheid of onderhoudbaarheid van het projectresultaat. De voortgang van het project kan tijdens de uitvoeringsfase voorspoedig zijn. Het project kan er volgens de cijfers (tijd en geld) zelfs zeer goed voor staan, omdat men 'weinig last heeft van gebruikers'. Bij afronding van het project blijkt het resultaat ongeschikt om de beoogde baten te realiseren of onvoldoende bruikbaar, waardoor kostbaar herstelwerk nodig is of de projectinvestering als verloren beschouwd moet worden.

Meer dan één seniorgebruiker?
Het ontbreken van voldoende kennis van alle bedrijfsprocessen is op zichzelf geen goede reden om een extra seniorgebruiker aan de stuurgroep toe te voegen. Een seniorgebruiker moet in de eerste plaats het project en de gebruiksomgeving overzien en erop toezien dat alle belanghebbenden van gebruikerszijde hierin de juiste inbreng hebben, zodat er een kwaliteit tot stand komt die voor alle relevante gebruikers aanvaardbaar is.

Wanneer kies je nu wél voor meer dan één gebruikersvertegenwoordiger in de stuurgroep? In beginsel alleen wanneer redelijkerwijs niet verwacht kan worden dat alle betrokkenen zich door één persoon vertegenwoordigd kunnen voelen. In het voorbeeld van de invoering van een nieuwe werkwijze in een groot aantal werkmaatschappijen zou dit van toepassing kunnen zijn wanneer vanwege een recente overname een deel van de betrokken werkmaatschappijen qua cultuur of werkwijze een wezenlijk andere startsituatie heeft dan de andere werkmaatschappijen. In zo'n situatie zou je uit beide groepen een vertegenwoordiger kunnen kiezen.

> **Cultuurverschil**
> 'Binnen ons bedrijf (een elektronicaconcern) werd een geautomatiseerd systeem ingevoerd voor de integratie van sales, planning en logistiek, om de verkoopinspanningen beter af te stemmen op de voorraadposities. Hierbij bleek weer eens hoe groot het cultuurverschil was tussen de accountmanagers en de productieafdelingen. Het was een uitdaging op zich om deze twee partijen tot meer samenwerking te bewegen en het was nooit geloofwaardig geweest deze partijen door één persoon te laten vertegenwoordigen. We hebben daarom van begin af aan met twee seniorgebruikers gewerkt die ieder contact hielden met hun eigen achterban.'

Als je meer dan één seniorgebruiker benoemt, loop je het risico dat zij zich ieder richten op hun eigen belangen en dat niemand zich verantwoordelijk voelt voor de acceptatie van het resultaat door de gebruikersgemeenschap als geheel. De seniorgebruikers zouden daarom ten minste een duidelijke verdeling van verantwoordelijkheden moeten hebben. Te overwegen is om aan één van hen een coördinerende rol toe te kennen.

■ 2.3 WIE VERTEGENWOORDIGT DE LEVERANCIERS?

En ten slotte de vertegenwoordiging van leveranciers in de stuurgroep, de rol van seniorleverancier. Vaak zijn er meerdere interne en/of externe leveranciers bij een project betrokken. Ook hier gaat het er niet om dat alle leveranciers rechtstreeks deelnemen in de stuurgroep. Welke leverancier is het meest strategisch? Als er een system integrator is – een leverancier die verantwoordelijk is voor integratie van de leveringen van andere leveranciers tot één geheel – dan is deze een voor de hand liggende keuze. Deze leverancier kan, ongeacht de contractuele verhouding, als 'hoofdaannemer' optreden en als seniorleverancier plaatsnemen in de stuurgroep. Buiten de stuurgroep kan deze een leveranciersberaad organiseren om de belangen van alle leveranciers goed te kunnen behartigen.

Soms hebben leveranciers geen verantwoordelijkheid voor (deel)resultaten van het project, maar stellen zij wel – op detacheringbasis – medewerkers ter beschikking aan het project. Als de verantwoordelijkheid voor het inhuren van voldoende en juist gekwalificeerde medewerkers bij de afdeling Inkoop ligt, dan zou een vertegenwoordiger van Inkoop voor de rol van seniorleverancier gevraagd kunnen worden. Gaat het vooral om interne medewerkers die op individuele basis ter beschikking van het project gesteld worden, dan zou de manager van de afdeling die de meest kritieke (schaarse) medewerkers levert de rol van seniorleverancier op zich kunnen nemen.

> **'Onderaannemer' in de stuurgroep**
> De hoofdaannemer is niet altijd de ideale seniorleverancier: 'Nadat we een ERP-pakket geselecteerd hadden, hebben we de invoering hiervan uitbesteed aan een *full service* IT-dienstverlener. Als hoofdaannemer was deze verantwoordelijk voor de integratie met de overige bedrijfssystemen en moest hij onder andere de leverancier van het ERP-pakket en de leverancier van de hardware aansturen. Deze IT-dienstverlener had daarom als seniorleverancier zitting in de stuurgroep. Dit bleek niet goed te werken. De (onvoldoende) beschikbaarheid van specialisten van de leverancier van het ERP-pakket werd dé bottleneck van ons project. We waren in deze fase volstrekt afhankelijk van hen: het was een nieuw pakket en alleen de leverancier van het pakket kon deze mensen leveren. Tegelijk was het uitgesloten nu nog een ander ERP-pakket en dus een andere leverancier te kiezen, de schade zou dan enorm zijn. De hoofdaannemer kon onvoldoende grip krijgen op deze onderaannemer, die heel goed wist dat hij binnen die situatie een monopoliepositie had. Om de communicatielijn naar de ERP-leverancier korter te maken, hebben we hem uitgenodigd zitting te nemen in de stuurgroep. Formeel was het weliswaar een onderaannemer, maar in feite speelde hij een sleutelrol.'

Wanneer meer dan één seniorleverancier zitting neemt in de stuurgroep, dan dient ieder van hen duidelijk gedefinieerde verantwoordelijkheden te hebben. Pas op voor een getalsmatig overwicht in de stuurgroep van leveranciers ten opzichte van gebruikers, omdat dit de businessfocus van de projectbesturing kan schaden.

Onvoldoende vertegenwoordiging van de leveranciersbelangen kan ertoe leiden dat men te lichtvaardig gaat denken over de haalbaarheid van de vastgestelde plannen. Een onrealistisch plan, met te lage kosten en/of te korte doorlooptijd ('een luchtkasteel'), lijkt voor een opdrachtgever en gebruikersvertegenwoordiger(s) uiteraard aantrekkelijk. Met een dergelijk plan zal men dan ook graag instemmen. Omdat het plan onvoldoende getoetst is op haalbaarheid en niemand zich garant heeft gesteld voor de beschikbaarheid van resources, is de kans klein dat de uitvoering conform planning zal zijn. Budget- en planningoverschrijdingen zijn te verwachten.

2.4 MOET EEN EXTERNE LEVERANCIER IN DE STUURGROEP?

Wanneer belangrijke werkzaamheden binnen het project aan een externe leverancier worden uitbesteed, is de vraag of het zinvol is het project samen met de externe leverancier te besturen. Het antwoord op deze vraag hangt samen met de aard van de verantwoordelijkheden die bij de leverancier zijn belegd.

Wanneer bestuur je een project *niet* samen met de externe leverancier?

In sommige gevallen kan men een product exact specificeren. Levering vindt plaats op basis van afspraken over specificaties, prijs en levertijd. Het uitbestede werk, door de leverancier vaak beschouwd als project, is gezien vanuit het perspectief van de klant slechts een deel van het project.

> **Bouwproject?**
> De realisatie van een bedrijfsgebouw op basis van een bouwtekening en bestek wordt door de aannemer beschouwd als een 'bouwproject'. De klant is met een aanzienlijk groter project bezig, namelijk met de verplaatsing van een productievestiging. Dit project 'verplaatsing productievestiging' kent onder meer logistieke, financiële, fiscale, juridische, personele, communicatie- en andere aspecten. Als onderdeel van dit project worden de specificaties van het nieuwe gebouw opgesteld, waarna de realisatie wordt uitbesteed. Na oplevering door de aannemer moet de klant nog veel doen voordat het project klaar is, zoals inrichting, verhuizing en ingebruikname.

Voor het grotere project aan klantzijde zal waarschijnlijk een projectorganisatie ingericht worden, maar het is niet noodzakelijk de leverancier te betrekken bij de besturing hiervan. Er neemt dus geen vertegenwoordiger van de externe leverancier zitting in de stuurgroep. Een interne leverancier neemt de rol van seniorleverancier op zich. Hij is verantwoordelijk voor de contractrelatie met de externe leverancier en borgt dat deze zich aan zijn verplichtingen houdt. Ook is hij verantwoordelijk voor de beschikbaarheid van overige externe en interne resources.

Het ligt voor de hand dat het projectmanagement aan klantzijde in handen is van een door de klantorganisatie beschikbaar gestelde projectmanager, die de leverancier (en eventuele andere externe leveranciers) operationeel aanstuurt. De leverancier zal op zijn beurt wellicht ook voor een projectmatige aanpak kiezen om het overeengekomen resultaat op tijd en volgens specificatie(s) te leveren. Het is dan aan de leverancier om op basis van zijn eigen businesscase de besturing en het management van zijn eigen 'project' in te richten.

Het tegenovergestelde van een door de leverancier gegarandeerd resultaat is dat de leverancier geen enkel resultaat garandeert en slechts verantwoordelijk is voor de kwaliteit van te leveren specialisten of materieel. Ook in dat geval heeft het in beginsel geen toegevoegde waarde om een vertegenwoordiger van deze leverancier als stuurgroeplid in de besturing te betrekken. Laat een interne leveranciersvertegenwoordiger de rol van seniorleverancier vervullen, bijvoorbeeld degene die verantwoordelijk is voor het inhuren van de externe medewerkers. Deze interne leveranciersvertegenwoordiger moet borgen dat de externe leverancier zijn verplichtingen nakomt.

Wanneer *wel* samen met de externe leverancier sturen?

Soms is er bij aanvang van een project geen nauwkeurig inzicht in de gewenste functionaliteit. Bij innovatieve projecten kan er zelfs onzekerheid zijn over de oplossingsrichting en het ambitieniveau. Het inzicht in de kansen en behoeften groeit tijdens de uitvoering van het project en het ambitieniveau wordt mede beïnvloed door de mogelijkheden en beperkingen van de techniek. Het uitwerken van de specificaties maakt deel uit van het project. De leverancier selecteer je niet op basis van de gegarandeerde prijs van een gespecificeerd product, maar op basis van competentie, referenties en/of algemene tariefstelling.

> **Iteratieve ontwikkeling**
> Het kan gaan om de ontwikkeling van een website samen met een groep klanten van de opdrachtgevende organisatie of om de iteratieve ontwikkeling van een managementinformatiesysteem met behulp van een aantal prototypes, waarbij na iedere iteratie de betrokken gebruikers prioriteiten stellen voor de volgende iteratie.

Er is in zulke projecten een voortschrijdend inzicht in de relatie tussen kosten en baten. De inbreng van de leverancier is onmisbaar om tijdens de uitvoering de businesscase stap voor stap te ontwikkelen. Op grond van voortschrijdend inzicht worden de projectdoelstellingen aangepast. Het resultaat is in hoge mate afhankelijk van gezamenlijke inspanning en het is moeilijk de leverancier eenzijdig aan concrete resultaten te binden. Uitbesteding vindt – bij gebrek aan een betere oplossing – veelal plaats op basis van nacalculatie. Eventueel kan voor een partnership worden gekozen, waarbij de leverancier wordt afgerekend op basis van de bereikte baten voor de opdrachtgever. In dat geval hebben klant en leverancier beiden een direct belang bij deze baten en dus gedeeltelijk een gemeenschappelijke businesscase.

> **Gedeelde resultaten**
> Bij de invoering van een logistiek pakket in een productieorganisatie zouden de resultaten afgemeten kunnen worden aan de bereikte doorlooptijdverkorting of voorraadreductie. Bij de uitvoering van een reclamecampagne zouden een gemeten vergroting van de omzet, van de naamsbekendheid of van het relatiebestand criteria kunnen zijn. Het knelpunt hierbij is vaak dat resultaten afhankelijk zijn van meer factoren dan het project.

Onder welke voorwaarden de uitbesteding ook plaatsvindt: in bovengenoemde situaties is nauwe samenwerking met de leverancier noodzakelijk. Het is dan zinvol een vertegenwoordiger van de externe leverancier in de stuurgroep op te nemen als seniorleverancier.

> **Ook interne afstemming**
> Uiteraard heb je ook interne afstemming binnen de opdrachtgevende organisatie, in een managementteam of interne stuurgroep. Er zijn altijd zaken die je zonder de leverancier wilt bespreken. Soms vindt zulk intern overleg plaats door een deel van de stuurgroepvergadering zonder de leverancier te houden. Ook de leverancier heeft ongetwijfeld zijn eigen interne overleg over het project.

2.5 OVERIGE ROLLEN

Geen 'gratis ritjes'

Een project doen is een beetje ondernemen. Soms kan het niet zoals het moet, dan moet het zoals het kan. Dat betekent concessies doen aan wat je eigenlijk zou willen en dat vraagt een gebalanceerde afweging van alle partijen op basis van een businesscase. Het is hierbij een belemmering om naast de drie standaardrollen nog andere rollen in een stuurgroep te hebben: voordat je het weet, zitten er mensen bij die geen concrete verantwoordelijkheid voor het projectsucces hebben en die dus ongestraft besluiten tegen kunnen houden. Een medebeslisser die geen enkele pijn lijdt wanneer het project stagneert, wordt gemakkelijk een blok aan het been. Laat daarom geen mensen in de stuurgroep toe zonder medeverantwoordelijkheid voor projectsucces. *Ongewenste redenen voor stuurgroeplidmaatschap zijn:*

- 'Om kwaliteit te toetsen': dat gaat een stuk efficiënter in een rol als reviewer van producten of kwaliteitscontroleur. Eventueel kan een persoon in zo'n rol het verantwoordelijke stuurgroeplid adviseren.
- 'Om kennis in te brengen': dat kunnen mensen beter in het projectteam doen, zodat het team die kennis meteen kan gebruiken.
- 'Om geïnformeerd te zijn': dit is geen reden om een besluitvormende vergadering te belasten, daar heb je andere vormen van communicatie voor.
- 'Om iets te bewaken', bijvoorbeeld de financiën, de conformiteit met wet- en regelgeving (*compliance*), de systeemarchitectuur of de veiligheid: dit soort inbreng komt veel beter tot zijn recht vanuit een borgingsrol, een echte rol voor specialisten, die onafhankelijk (dat wil zeggen: niet rapporterend aan de projectmanager) toetsen en het verantwoordelijke stuurgroeplid adviseren.

Het is de stuurgroep die verantwoordelijk is voor projectsucces en – ondersteund door laatstgenoemde adviezen – besluiten neemt. Op basis van een zakelijke afweging kan een besluit afwijken van zo'n advies. De vuistregel is: niemand in de stuurgroep die straffeloos nee kan zeggen. Ofwel: geen 'gratis ritjes' in de stuurgroep.

Projectborging

In hoofdstuk 1 heb je kunnen lezen dat stuurgroepleden, naast hun gezamenlijke verantwoordelijkheid voor het succes van het project als geheel, ieder hun eigen verantwoordelijkheid hebben voor bepaalde aspecten van het projectresultaat. En ook dat zij – om deze verantwoordelijkheid te kunnen dragen – controlerende taken kunnen delegeren: projectborging. Welke borgingstaken *kan* een stuurgroeplid nu precies delegeren?

Borging namens de opdrachtgever (business assurance, zakelijke borging)
De opdrachtgever kan de volgende projectborgingstaken delegeren:
- Controle van de projectfinanciën.
- Toetsing of bij de beoordeling van wijzigingsvoorstellen de businesscase als maatstaf wordt gebruikt.
- Toetsing van het risicomanagement.
- Controle van de betrouwbaarheid van de projectadministratie en – daarmee samenhangend – de rapportages van de projectmanager.
- Controle van betalingen aan leveranciers.

Borging namens de seniorgebruiker (user assurance, gebruikersborging)
De seniorgebruiker kan de volgende projectborgingstaken delegeren:
- Controle van de juistheid, duidelijkheid en eenduidigheid van de specificaties van gebruikersbehoeften.
- Toetsing van voorgestelde wijzigingen op hun impact vanuit gebruikersoogpunt.
- Toetsing of de juiste gebruikers bij de juiste kwaliteitscontroles betrokken zijn.
- Toetsing van de juistheid van de verslaglegging van kwaliteitscontroles in het kwaliteitslogboek.
- Toetsing of de afspraken over batenrealisatie worden nageleefd en of de bateneigenaren hun verantwoordelijkheid nemen.

Borging namens de seniorleverancier (supplier assurance, leveranciersborging)
De seniorleverancier kan de volgende projectborgingstaken delegeren:
- Controle of volgens de toepasselijke technische standaards wordt gewerkt.
- Controle of de juiste kwaliteitscontroles worden toegepast, om zeker te stellen dat de geleverde producten aan de specificaties voldoen.
- Controle of de bij het project betrokken toeleveranciers voldoen aan de eisen die door de opdrachtgever aan leveranciers worden gesteld, zoals certificering, kwalificatie van personeel, referenties en solvabiliteit.

Scheiding van verantwoordelijkheden
Een vereiste voor borgingsrollen is dat deze onafhankelijk zijn van de uitvoerende verantwoordelijkheden. In lijnorganisaties is deze gedachte gemeengoed, getuige de onafhankelijke posities van auditors, interne accountantsdiensten en quality assuranceafdelingen. In projectorganisaties, waar de risico's gezien het unieke karakter van projecten relatief groot zijn, wordt verrassenderwijs vaak juist minder aandacht besteed aan de scheiding van borgende en uitvoerende verantwoordelijkheden. Belangrijke valkuilen zijn:
- Stuurgroepleden die hun stuurgroeplidmaatschap combineren met een uitvoerende rol in het project.
- Een projectmanager die als lid van de stuurgroep wordt beschouwd in plaats van slechts deel te nemen aan de bijeenkomsten.
- Een projectbureau dat de projectmanagers ondersteunt en tegelijk verantwoordelijk is voor het rapporteren over de status van projecten aan het hoger management.

In al deze voorbeelden wordt van mensen verwacht dat ze het resultaat borgen van wat mede hun eigen werk is. Dit is strijdig met het beginsel van onafhankelijke borging. Dit is niet in alle gevallen verkeerd, want je hoeft niet alles onafhankelijk te borgen en je hoeft verantwoordelijkheden niet altijd te scheiden. Maar als je hiervoor kiest, dan moet je je bewust zijn van de risico's.

Adviserende organen
Wees voorzichtig met klankbordgroepen, referentiegroepen van gebruikers en vergelijkbare organen die rechtstreeks aan de stuurgroep adviseren. Dit leidt tot veel inhoudelijke discussies in de stuurgroep en creëert onduidelijkheid over de verantwoordelijkheid van de seniorgebruiker. Mag deze laatste nu een

knoop doorhakken of niet? Wat moet de stuurgroep doen als het advies van de klankbordgroep afwijkt van het standpunt van de seniorgebruiker? De verantwoordelijkheid van de seniorgebruiker wordt zo ondermijnd en niemand is meer eindverantwoordelijk voor de uiteindelijke kwaliteit.

Nog erger wordt het wanneer de status van een dergelijke groep, in plaats van adviserend, besluitvormend is. De stuurgroep kan dan gegijzeld worden door de stagnerende besluitvorming in de klankbordgroep. Kan het project wel verder gaan als de klankbordgroep nog geen unaniem standpunt heeft? Het is het beste om een dergelijk orgaan een *adviserende* rol te geven en te laten adviseren *aan de seniorgebruiker*, die verantwoordelijk blijft om in de stuurgroep een eenduidig standpunt namens de gebruikers te vertolken.

■ 2.6 DE WEG NAAR 'STUREN OP UITZONDERINGEN' DOOR DE STUURGROEP

'Sturen op uitzonderingen' (management by exception) betekent: alleen vergaderen om besluiten te nemen. 'Bij ons werkt dat niet', heeft al menig manager verzucht. 'Als ik er niet bovenop zit, heb ik geen idee wat er gebeurt.' Het is inderdaad waar dat, wanneer je deze manier van sturen van de ene op de andere dag invoert, de stuurgroep waarschijnlijk onvoldoende controle heeft over het project. De stap naar 'sturen op uitzonderingen' is pas de laatste stap op een weg naar steeds efficiëntere en effectievere projectbesturing. Of je deze weg wilt gaan – en inderdaad minder wilt vergaderen – is uiteraard je eigen keuze. Als je deze keuze wilt maken, gebruik het onderstaand overzicht dan als checklist dan wel stappenplan. Het spreekt vanzelf dat het beschikken over een goede projectmanager hierbij een voorwaarde is.

Verdeel het project in managementfasen	De meeste projecten kun je bij aanvang niet als een geheel aan de projectmanager delegeren, om vervolgens alleen nog te sturen op uitzonderingen: daarvoor zijn er nog te veel onduidelijkheden. Per managementfase kan dat wel, dit is namelijk een deel van het project dat voldoende concreet en overzichtelijk is om deze manier van sturen mogelijk te maken.
Laat per fase een productgericht plan maken	Het plan voor een managementfase is pas concreet als het gebaseerd is op het opleveren van producten: tastbare en toetsbare resultaten. Dit is een voorwaarde om het mandaat van de projectmanager duidelijk te kunnen benoemen. Laat ook per product vastleggen wat de kwaliteitseisen zijn en wie deze kwaliteit mogen controleren, zodat de projectmanager kan sturen op kwaliteit en de stuurgroepleden niet zelf producten hoeven te reviewen.

Stel per fase toleranties vast	Nu de opdracht van de projectmanager helder is afgebakend, spreek je ook de toleranties (alarmgrenzen) af waarbinnen de projectmanager opereert. Hiermee is voor de projectmanager duidelijk wat hij achteraf moet verantwoorden en wat hij direct aan de stuurgroep moet voorleggen.
Maak rapportageafspraken	Om als stuurgroep steeds tijdig en juist geïnformeerd te zijn, heb je betrouwbare rapportages nodig. Maak afspraken over de frequentie van voortgangsrapportages (periodiek) en laat de opbouw van deze voortgangsrapportages afstemmen op de informatiebehoefte van de stuurgroepleden, zodat deze aansluit op wat zij graag willen weten over het project. Spreek ook een mechanisme af van afwijkingsrapportage (ad hoc, bij dreigende overschrijding van de toleranties).
Richt op maat projectborging in	Zorg dat de borging namens de stuurgroep gericht is op die zaken die werkelijk belangrijk zijn. Bijvoorbeeld de betrouwbaarheid van voortgangsrapportages of het financieel management, risicomanagement, wijzigingsmanagement of kwaliteitsmanagement. Alleen dan kan de stuurgroep vertrouwen hebben in de uitvoering, zonder alles zelf te hoeven controleren. Spreek indien nodig de seniorgebruiker en seniorleverancier erop aan om buiten de vergadering hun verantwoordelijkheid voor borging te nemen.
Stel besluitvorming centraal op de agenda's van stuurgroepbijeenkomsten	De stuurgroep is nu permanent goed geïnformeerd over het project. Je kunt de vergaderingen van de stuurgroep nu inrichten op het nemen van besluiten. Bij elk agendapunt is de vraag: welk besluit moet de stuurgroep nemen? Zorg dat de leden van de stuurgroep vooraf de benodigde informatie en een voorstel voor het te nemen besluit krijgen. Dit vereist gedegen voorbereiding door de projectmanager, die een voorgesteld besluit waar nodig voorbespreekt met individuele leden van de stuurgroep om vragen te beantwoorden, draagvlak te creëren en om het voorstel eventueel aan te passen. Verlang van de projectmanager dat hij nieuwe informatie vóór de vergadering aan de leden van de stuurgroep overbrengt, zodat deze laatsten waar nodig vooraf met hun achterban kunnen afstemmen. Spreek indien nodig de seniorgebruiker en seniorleverancier erop aan om buiten de vergadering hun verantwoordelijkheid voor communicatie te nemen.
Cancel stuurgroepbijeenkomsten wanneer er niets te besluiten is	Wanneer er een stuurgroepvergadering in de agenda staat en er valt niets te besluiten, dan zal waarschijnlijk als vanzelf een stuurgrooplid vragen: we zijn goed geïnformeerd en er valt niets te besluiten, waarom vergaderen we eigenlijk? Zo gaan we in de richting van 'sturen op uitzonderingen': niet omdat we volgens een principe moeten werken, maar omdat er geen behoefte is aan overbodige vergaderingen. Sommige organisaties laten het hierbij en plannen bewust periodieke stuurgroepvergaderingen om deze vervolgens naar behoefte te schrappen. Het is agendatechnisch eenvoudig en stuurgroepleden ontvangen een onverwachte open plek in de agenda veelal met enthousiasme. Een nadeel is dat de timing van de vergaderingen niet altijd optimaal is gezien de gewenste besluitvormingsmomenten. Soms zul je dan ook ad hoc een vergadering moeten verschuiven om een besluit te nemen wanneer het voor de voortgang van het project nodig is.

Stem de planning van stuurgroepbijeenkomsten af op de besluitvorming	Wil je echt toe naar het plannen van vergaderingen wanneer er besluitvorming nodig is in plaats van periodiek, dan zijn er alleen nog agendatechnische belemmeringen te overwinnen. Plan alleen de vergaderingen bij faseovergangen in. Vergaderingen om een besluit te nemen over afwijkingen buiten toleranties plan je alleen in wanneer deze nodig zijn. Om de vergaderlast te beperken, kun je onderscheid maken tussen kleine afwijkingen, af te handelen door één persoon namens de stuurgroep. en grote afwijkingen, af te handelen door de gehele stuurgroep. Als het nodig is, lukt het altijd om als stuurgroep te beslissen, desnoods 's ochtends om zeven uur, via een telefonische of videoconference of op basis van consultatie van alle leden door de voorzitter.

Een goede projectmanager zal voor al deze stappen voorstellen doen ter goedkeuring door de stuurgroep. Al deze stappen samen scheppen de voorwaarden om succesvol te kunnen sturen op uitzonderingen. Maar ook wanneer je niet alle stappen zet, dan nog is iedere afzonderlijke stap zinvol, omdat deze bijdraagt aan verbetering van de besturing.

Minder behoefte aan delegeren
Hoe meer een organisatie erin slaagt het beginsel van sturen op uitzonderingen in praktijk te brengen, des te minder behoefte er zal zijn om de opdrachtgeversrol te delegeren.

■ 2.7 DE BESLUITEN VAN DE STUURGROEP

Hieronder vind je een overzicht van de belangrijkste besluiten die je in vrijwel ieder project moet nemen.

Geplande besluiten
Er zijn vier soorten besluiten waarvan vooraf bekend is dat ze moeten worden genomen. Deze kun je ruim van tevoren inplannen (zie tabel 2.1).

Tabel 2.1 Vier soorten besluitvorming

Geplande besluiten	Benodigde informatie
De stuurgroep geeft toestemming om te starten met de initiatiefase. Groen licht om het plan concreet uit te werken.	De basis hiervoor is een projectvoorstel met onder meer een businesscase in hoofdlijnen, een projectaanpak, het te leveren eindproduct, een beschrijving van de projectorganisatie, en een plan voor de initiatiefase.

Geplande besluiten	Benodigde informatie
De stuurgroep geeft toestemming om te starten met de (eerste) uitvoerende fase van het project. Groen licht voor de 'echte' investeringen.	De basis hiervoor is de projectinitiatiedocumentatie, een onderbouwing van de investeringsbeslissing met onder meer een businesscase, risicoanalyse, planning en begroting, kwaliteitsplan en communicatieplan, en een plan voor de volgende fase.
De stuurgroep geeft toestemming om te starten met een volgende fase. Groen licht om door te gaan.	De basis hiervoor is een faserapport, een plan voor de volgende fase en een actuele businesscase en risicoanalyse.
De stuurgroep geeft toestemming voor de afsluiting van het project en geeft decharge aan de projectmanager.	De basis hiervoor is het projecteindrapport, met een beschrijving van wat er is opgeleverd in vergelijking met het oorspronkelijke en het bijgestelde plan, leerpunten en aandachtspunten voor het management.

Ad-hocbesluiten

Daarnaast zijn er twee soorten besluiten die niet ruim tevoren gepland kunnen worden, omdat ze getriggerd worden door onvoorziene ontwikkelingen (zie tabel 2.2).

Tabel 2.2 Ad-hocbesluiten

Ad-hocbesluiten	Benodigde informatie
De stuurgroep geeft toestemming om op basis van een gewijzigd plan verder te gaan, bijvoorbeeld met een aangepast budget, aangepaste planning of aangepaste specificaties.	De basis hiervoor is een aangepast plan of wijzigingsvoorstel en indien nodig een geactualiseerde businesscase en risicoanalyse.
De stuurgroep geeft de projectmanager een aanwijzing: bijvoorbeeld om een plan aan te passen, de projectorganisatie aan te passen of het project voortijdig af te sluiten. De stuurgroep kan richtlijnen geven voor de manier waarop de projectmanager dit moet uitvoeren.	De aanleiding hiervoor kan liggen in alle mogelijke informatie van binnen of buiten het project.

Omdat je deze besluiten niet ruim van te voren kunt plannen, kan het nogal belastend voor de agenda's van betrokkenen zijn om deze altijd met de voltallige stuurgroep te nemen. Overweeg om de besluitvorming over kleine wijzigingen te delegeren aan een van de stuurgroepleden.

3 Het aansturen van de projectmanager

Het vierde principe, *geef de projectmanager verantwoordelijkheid*, beschrijft welk type verantwoordelijkheden en bevoegdheden je een projectmanager kunt geven. Maar moet een projectmanager nu afkomstig zijn van de kant van de opdrachtgever of die van de leverancier? En hoe herken je een goede projectmanager? Hoe baken je zijn verantwoordelijkheden af? En hoe oefen je, indien nodig, effectieve controle uit? Daarover gaat dit hoofdstuk.

3.1 WIE LEVERT DE PROJECTMANAGER?

De dagelijkse leiding van de projectuitvoering moet in handen zijn van één persoon, de projectmanager. Moet deze projectmanager afkomstig zijn uit de organisatie van de opdrachtgever of uit de organisatie van de leverancier? Beide opties hebben voor- en nadelen, en het antwoord is per project verschillend.

Voor- en nadelen
Een projectmanager van opdrachtgeverszijde (c.q. vanuit 'de business') kan de volgende voordelen hebben:
- Hij heeft meer affiniteit met de businesscase en is beter in staat vanuit zijn inzicht in de businesscase de juiste voorstellen te doen aan de stuurgroep.
- Hij is vertrouwd met de organisatie die de resultaten in gebruik moet nemen, kan daar makkelijker de juiste mensen en informatie vinden en kan daar makkelijker invloed uitoefenen, waardoor hij minder vaak een beroep op de seniorgebruiker hoeft te doen.
- Hij kan onafhankelijk controle uitoefenen op de werkwijze van de leverancier, waardoor er minder noodzaak is om hier afzonderlijke borging voor in te richten.

Een projectmanager van leverancierszijde kan de volgende voordelen hebben:
- Meer ervaring met de te leveren producten, de gebruikte techniek en met het soort project in het algemeen.
- Korte lijnen naar het management van de leveranciersorganisatie, hij kan daar makkelijker de juiste mensen en informatie vinden en makkelijker invloed uitoefenen, waardoor hij minder vaak een beroep op de seniorleverancier hoeft te doen.
- 'Vreemde ogen dwingen.'

Overwegingen

In de praktijk zijn er enkele overwegingen van invloed op de keuze. Ten eerste: waar ligt de grootste uitdaging? Ligt deze vooral in de uitvoering, bijvoorbeeld bij de bouw van een boorplatform, dan ligt het voor de hand dat de leverancier de projectmanager levert. Ligt deze vooral in de implementatie in de organisatie, bijvoorbeeld bij de invoering van een nieuw IT-systeem, dan ligt een projectmanager van opdrachtgeverszijde meer voor de hand.

Ten tweede speelt de relatie met de leverancier een belangrijke rol. Een leverancier die de organisatie van de opdrachtgever goed kent zal, ook als implementatieaspecten een rol spelen, eerder in aanmerking komen om een projectmanager te leveren.

> **Persoon**
> Uiteindelijk hangt het af van de persoon en gaat het om vertrouwen. Soms heeft een projectmanager van opdrachtgeverszijde ruime ervaring met de te gebruiken technologie, soms heeft een projectmanager van leverancierszijde goede kennis van de organisatie van de opdrachtgever en de vaardigheden om daar te opereren.

Als je werkt met een projectmanager van leverancierszijde, zorg dan voor een aanspreekpunt (liaison) aan opdrachtgevers- c.q. businesszijde, bijvoorbeeld de seniorgebruiker, voor dagelijkse afstemming en het leggen van contacten in de organisatie. Besteed ook aandacht aan toezicht op de uitvoering (borging) namens de opdrachtgever.

Als je werkt met een projectmanager van opdrachtgeverszijde, dan zet de leverancier waarschijnlijk iemand in om het leveranciersgedeelte te managen. Alhoewel deze binnen de leveranciersorganisatie veelal de titel projectmanager draagt, fungeert deze binnen het totale project van de opdrachtgever als teammanager[10] en rapporteert deze aan de door de opdrachtgever aangestelde projectmanager.

■ 3.2 HOE HERKEN IK EEN GOEDE PROJECTMANAGER?

In de meeste wat grotere organisaties is iemand verantwoordelijk voor de kwaliteit van projectmanagement en projectmanagers: een Hoofd Projectenbureau, een Manager Projectmanagement of iemand in een vergelijkbare functie. Alle projectmanagers binnen een organisatie voldoen dan, als het goed is, aan een basiskwalificatieniveau.

> **Standaards**
> Een competentiemeting aan de hand van formele standaards kan hierbij een rol spelen. In Nederland is de belangrijkste standaard om de competenties van projectmanagers te meten die van de IPMA (International Project Management Association). Deze competenties worden beschreven in de *ICB version 3* (IPMA Competence Baseline; de Nederlandse vertaling heet *NCB versie 3*). Hierop is een certificeringsmodel gebaseerd waarin onderscheid wordt gemaakt tussen vier competentieniveaus:
> 1 IPMA A: Certified Projects Director.
> 2 IPMA B: Certified Senior Project Manager.
> 3 IPMA C: Certified Project Manager.
> 4 IPMA D: Certified Project Management Assistant[11].
> Deze certificering heeft betrekking op technische competenties (met betrekking tot projectvoorbereiding, -inrichting, -uitvoering en -afsluiting), gedragcompetenties (leiderschap, sociale vaardigheden en teamwerk) en contextuele competenties (over het doorvoeren van veranderingen en de omgeving van projecten). IPMA D berust op een theorie-examen, de overige niveaus stellen ook eisen aan de praktijkervaring. Uiteraard biedt deze certificering geen garantie en zijn er ook goede projectmanagers die niet over een certificering beschikken.
>
> Veel projectmanagers beschikken over certificaten op basis van Prince2: *Prince2 Foundation* (basiskennis van de methodiek) en *Prince2 Practitioner* (toegepaste kennis van de methodiek). Deze beide certificaten berusten op een theoretisch examen en stellen geen eisen aan ervaring.

Maar omdat je als opdrachtgever uiteindelijk verantwoordelijk bent voor het succes van het project, zul je ook verantwoordelijkheid moeten nemen voor de kwaliteit van het projectmanagement en voor je samenwerking met de projectmanager. Waar let je nu op in een intakegesprek met een projectmanager, ervan uitgaande dat de formele kwalificatie van voldoende niveau is?

Kennis van de omgeving
Kennis van de omgeving waarin het project wordt uitgevoerd en het resultaat in gebruik wordt genomen is een belangrijk voordeel. Inzicht in de organisatiecultuur en -geschiedenis en in de menselijke en hiërarchische verhoudingen maakt het makkelijker om te communiceren en om te anticiperen op mogelijke weerstand. Het goed op de hoogte zijn van geldende procedures op gebieden als budgettering, resourceallocatie, risicomanagement, kwaliteitsborging en voortgangsrapportage helpt een projectmanager om aan deze zaken geen onnodige tijd te besteden en zich vooral te richten op het project zelf en zijn belanghebbenden.

Kennis van de materie
Een projectmanager hoeft de inhoudelijke vraagstukken van het project niet zelf op te lossen, maar kennis van de materie – bijvoorbeeld logistiek of marketing – komt de communicatie met belanghebbenden ten goede, helpt de projectmanager te begrijpen waar het probleem zit en draagt bij aan zijn geloofwaardigheid.

Kennis van de technologie
Een projectmanager hoeft de technische oplossingen niet zelf te realiseren, maar kennis van de technologie – bijvoorbeeld bouwtechniek of informatietechnologie – helpt de projectmanager om voorstellen van leverancierszijde te doorgronden, planningen en begrotingen te beoordelen en technische risico's te overzien. In kleine projecten, waar een projectmanager rechtstreeks met specialisten samenwerkt en soms zelfs een meewerkend voorman is, is kennis van de technologie een vereiste. Vooral in grote, complexe projecten met een veelheid aan toegepaste technologieën zal een projectmanager zich voor tenminste een belangrijk deel van de technologische kennis op anderen moeten verlaten en zich vooral op het proces richten.

Keuzes transparant maken
Een goede projectmanager neemt een opdracht niet klakkeloos aan. Hij wil graag weten waarom je het project wil laten uitvoeren, zodat hij samen met jou kan

beoordelen hoe de beoogde oplossing (het projectresultaat) optimaal kan bijdragen aan het beoogde effect (businessresultaat). Je kunt kritische vragen verwachten over de businesscase en over een eventueel door jou genoemde voorkeursoplossing. Uiteindelijk ben je als opdrachtgever verantwoordelijk voor de businesscase en zal een goede projectmanager – op basis van zijn begrip van deze businesscase – keuzes transparant maken: 'Als je dit wilt, dan heeft dat deze consequenties'.

Dat geldt ook bij latere wijzigingen: een goede projectmanager adviseert hierover op basis van zijn begrip van de businesscase en geeft inzicht in de consequenties, maar laat de keuze aan de opdrachtgever.

Verantwoordelijkheid nemen betekent eisen stellen

Een goede projectmanager wil verantwoordelijkheid nemen voor de uitvoerbaarheid van het project. Dat kan alleen als hij eisen kan stellen aan de voorwaarden, zoals helderheid van de opdracht en beschikbare tijd en middelen. Vraag de projectmanager of hij de opdracht haalbaar acht en onder welke voorwaarden. Wanneer hij de levering van het gevraagde resultaat onder de geboden voorwaarden niet mogelijk acht, zal hij de opdracht moeten weigeren. In een intakegesprek is de haalbaarheid vaak niet direct te overzien. Een projectmanager kan onder voorbehoud aan de slag gaan en afspreken wanneer hij laat weten of hij de opdracht haalbaar acht.

Welk type projectmanager

In sommige projecten kun je niet binnen strakke voorwaarden toewerken naar een vooraf gedefinieerd eindproduct: ze zijn meer een kwestie van 'fase voor fase puzzelen met belanghebbenden'. Van een projectmanager verwacht je dan niet zozeer een strikt sturen op tijd en geld, maar veeleer inzet en betrokkenheid in het toepassen van proces- en communicatievaardigheden. Wees als opdrachtgever duidelijk in hoeverre je werkelijk een resultaatverantwoordelijkheid van de projectmanager verwacht of vooral het in goede samenwerking inzetten van managementvaardigheden.

Verschillende typen projecten vragen verschillende kennis en competenties. Een projectmanager die geschikt is voor het ene project, kan daardoor minder geschikt zijn voor het andere project. Een goede projectmanager beschikt over de nodige zelfkennis om dit bespreekbaar te maken en kan dus aangeven welk type projecten minder goed bij hem passen.

De projectmanager in relatie tot de opdrachtgever

Bij de keuze van een projectmanager is ook de relatie tot de opdrachtgever van belang. Gezien de intensieve samenwerking kan het een groot voordeel opleveren als ze competenties hebben die elkaar aanvullen. Wanneer je zelf vooral van visionaire vergezichten houdt, zoek dan een projectmanager met oog voor details. Heb je zelf meer met cijfers, zoek dan een projectmanager die sterk mensgericht is.

> **Vertrouwen**
> Houd er rekening mee dat – te midden van veranderingen die ingrijpende gevolgen kunnen hebben voor belanghebbenden – je samenwerking met de projectmanager op de proef gesteld zal worden. Het allerbelangrijkste blijft daarom goede onderlinge communicatie op basis van wederzijds vertrouwen.

■ 3.3 WELKE CONCRETE BEVOEGDHEDEN KAN IK EEN PROJECTMANAGER GEVEN?

Bevoegdheden projectmanager

Om zijn verantwoordelijkheid te kunnen dragen, heeft de projectmanager bevoegdheden nodig:
- Hij moet zeggenschap hebben over het accepteren van medewerkers die aan het project zijn toegewezen of hier ten minste een vetorecht over hebben.
- Hij moet taken kunnen toewijzen aan beschikbare medewerkers.
- Hij moet binnen afgesproken grenzen (toleranties) besluiten kunnen nemen om het project bij te sturen.
- Per organisatie en per project kunnen specifieke bevoegdheden afgesproken worden.

Benadruk bij belanghebbenden dat de bevoegdheden van de projectmanager gedelegeerde bevoegdheden van de stuurgroep zijn en dat de projectmanager handelt uit naam van de stuurgroep.

> **Contract**
> 'Vroeger hadden we hier feitelijk een hiërarchische relatie tussen opdrachtgever en projectmanager. Het heeft zich nu meer ontwikkeld in de richting van een soort contract tussen twee partijen, die beide hun verantwoordelijkheid hebben.'

Wanneer de randvoorwaarden en/of eisen veranderen, dan is het mogelijk dat daardoor het projectresultaat naar het professioneel oordeel van de projectmanager niet meer realiseerbaar is binnen de voorwaarden. Hij zal dan bijvoorbeeld een aanvullend budget of meer tijd claimen. De stuurgroep moet dan opnieuw een situatie creëren waarin de projectmanager gecommitteerd is aan het bereiken van het beoogde resultaat binnen de (eventueel gewijzigde) voorwaarden. Lukt het niet om hierover tot overeenstemming te komen, dan is het het beste de samenwerking te beëindigen. Doorgaan met een projectmanager die te kennen heeft gegeven niet in de haalbaarheid te geloven is geen geloofwaardige optie. Als de stuurgroep deze stap niet zelf zet, kan de projectmanager zijn opdracht teruggeven. Het is dan aan de stuurgroep om hetzij een andere projectmanager aan te stellen, hetzij nog eens kritisch na te denken over de haalbaarheid van het project.

> **Ultieme bevoegdheid**
> 'In een resultaatgerichte organisatie is de ultieme bevoegdheid van de projectmanager: zijn opdracht terug te geven.'

Welke toleranties?

De toekenning van toleranties is een belangrijk middel om prioriteiten duidelijk te maken en zijn een weerspiegeling van de businesscase. In het ene project is tijd belangrijker dan geld, in het andere project is het andersom. Door toleranties *alarmgrenzen* te noemen wordt het soms makkelijker om te benoemen waar het nu precies om gaat: de vraag wanneer je als opdrachtgever meteen gebeld wilt worden. Bijvoorbeeld, zodra er ook maar één klacht of bedenking komt van een groep bij het project betrokken klanten.

Misverstand

Sommige opdrachtgevers durven het niet aan om een projectmanager een financiële tolerantie toe te kennen. Het kan inderdaad zo lijken alsof je een projectmanager daarmee carte blanche geeft om extra geld te besteden. Dit is een misverstand. Een projectmanager die een 'tolerantie van 10.000 euro' heeft, moet nog steeds iedere kostenoverschrijding en de door hem daarover genomen besluiten verantwoorden in zijn voortgangsrapportages, net als wanneer hij geen tolerantie had afgesproken. Het afspreken van een tolerantie betekent dat, in aanvulling hierop, bovendien is vastgelegd wanneer hij de stuurgroep direct moet alarmeren. Door toleranties af te spreken, wordt de besturing door de stuurgroep dus niet zwakker maar juist sterker.

Alarmgrenzen
'Onze controller heeft bezwaar tegen financiële toleranties. Hij vindt niet dat dit de controle verbetert en ziet toleranties toekennen als "vooraf geld weggooien". Ik laat ze nu alarmgrenzen noemen, het effect is voor mij hetzelfde.

Geen toleranties?

Het is een illusie te denken dat een project zonder toleranties kan. Geen enkel project gaat precies volgens plan, er zijn dagelijks kleine afwijkingen die de projectmanager moet corrigeren. 'Geen tolerantie' zou betekenen dat de projectmanager bij de geringste afwijking het werk stil zou moeten leggen om eerst aan de opdrachtgever te vragen of hij nog verder mag gaan. Dat is uiteraard onwerkbaar. Een projectmanager die geen toleranties krijgt, zal daarom zelf intuïtief beoordelen wanneer hij de opdrachtgever moet alarmeren. Het ontbreken van concrete afspraken over toleranties is dan ook een teken van onvoldoende sturing door de opdrachtgever c.q. stuurgroep. Neem daarom verantwoordelijkheid voor de grenzen van de bevoegdheid van de projectmanager door de toleranties vast te stellen.

Toleranties zijn maatwerk

In sommige organisaties werkt men met standaardtoleranties voor alle projecten. De toleranties zijn dan 'onderdeel van de bureaucratie' geworden in plaats van een hulpmiddel voor de stuurgroep om vast te stellen wanneer ze direct wil worden gealarmeerd. Ieder project kent andere prioriteiten in de besturing, afhankelijk van de businesscase en de risico's. Soms is tijd belangrijker, soms geld. Stem de toleranties daarom af op de businesscase en de risico's. Een paar voorbeelden kunnen dit verduidelijken.

Wetswijziging
Stel dat op een bepaalde datum een wetswijziging van kracht wordt met betrekking tot de verstrekking van arbeidsongeschiktheidsuitkeringen. Een instantie die belast is met de verstrekking van deze uitkeringen, zal hoe dan ook op tijd klaar moeten zijn met het aanpassen van processen en systemen. Als zo'n project niet volgens plan verloopt, zal men desnoods hogere kosten accepteren om de geplande datum toch te halen. De stuurgroep kent de projectmanager een financiële tolerantie toe en geen planningstolerantie.

Gesponsord project
Een vakgroep van een universiteit heeft een gegeven onderzoeksbudget, gebaseerd op extern sponsorship, en heeft op basis daarvan een onderzoeksproject geformuleerd. Wanneer zo'n project met onverwachte kostenstijgingen geconfronteerd wordt, dan zit er niets anders op dan het ambitieniveau te verlagen door de scope te beperken, om zo binnen het budget te blijven. De stuurgroep kent de projectmanager naast een planningstolerantie een scopetolerantie toe door 'must have'- en 'could have'-resultaten af te spreken, maar geen financiële tolerantie.

Iteratieve ontwikkeling
In de IT-wereld kent men naast klassieke of lineaire ontwikkelmethoden (definitiestudie, ontwerp, realisatie, invoering) ook iteratieve (*agile*) ontwikkelmethoden zoals Scrum, waarbij in elke fase van een project zowel ontwerp als realisatie plaatsvindt. Een team van specialisten en gebruikers krijgt steeds de opdracht om binnen een fase met een vooraf vastgestelde doorlooptijd zo veel mogelijk resultaat te leveren volgens een prioriteitenlijst. Na iedere fase wordt het resultaat geëvalueerd met de opdrachtgever en/of gebruikersvertegenwoordigers en worden de prioriteiten voor de volgende fase vastgesteld. In iedere opeenvolgende fase komt men dichter bij het gewenste eindresultaat. Voordelen hiervan zijn minder bureaucratie en directe integratie van

gebruikerwensen en technische mogelijkheden. Dat laatste is vooral aantrekkelijk bij innovatieve toepassingen die gebruikers zich vooraf moeilijk kunnen voorstellen. In deze benadering heeft de projectmanager geen toleranties in geld en tijd, aangezien per fase zowel de in te zetten medewerkers als de planning vastliggen. In plaats daarvan heeft de projectmanager een tolerantie in scope en/of kwaliteit, uitgedrukt in zijn prioriteitenlijst met gewenste functionaliteit. Wanneer hij de 'must have's' van een fase niet kan realiseren, moet hij alarm slaan. Een risico van iteratieve ontwikkeling is dat gebruikersbehoeften de overhand krijgen over zakelijke belangen.

Stem de toleranties ook af op de projectmanager. Een projectmanager in vaste dienst waar goede ervaringen mee zijn kun je wat ruimere toleranties geven. Een externe projectmanager waar je voor het eerst mee werkt geef je wat krappere toleranties: daar moet je iets meer 'bovenop zitten'.

Voorkom miscommunicatie
Wacht niet tot er problemen zijn, maar spreek aan het begin met de projectmanager af om regelmatig even bij te praten.

■ 3.4 HOE VOORKOM IK DAT EEN PROJECTMANAGER ONCONTROLEERBAAR WORDT?

Vertrouwen is de basis voor succesvolle samenwerking. De meeste projectmanagers houden de stuurgroep graag goed op de hoogte van de status van het project. Maar tussen het wit van betrouwbaarheid en het zwart van onbetrouwbaarheid zijn veel grijstinten. Soms moet je een keuze maken uit een beperkt aantal projectmanagers dat binnen de eigen organisatie beschikbaar is. Onvolledige, misleidende of onjuiste rapportages hoeven niet voort te komen uit onwil; het kan ook gaan om onkunde of onmacht. Soms rapporteert een projectmanager een in zijn ogen kleine afwijking buiten de toleranties niet om 'onnodig gedoe te voorkomen'. Soms kan de druk zo hoog worden dat een projectmanager met een goede staat van dienst een tegenvaller nog even niet meldt, omdat hij hoopt of verwacht dat een spoedige meevaller verlossing zal brengen. Als het goed afloopt, zul je het nooit weten ...

3. Het aansturen van de projectmanager

> **Energie**
> 'Als ik een projectmanager niet kan vertrouwen dan moet hij van het project af. Mijn energie moet niet op controle gaan zitten, maar op de businesscase. Want ik had al een probleem, daarvoor heb ik juist een project gestart.'

Een duidelijk kader voor het functioneren van de projectmanager helpt ontsporingen voorkomen. In tabel 3.1 vind je, uitgaande van het meest zwarte scenario – een projectmanager die erop uit is zich oncontroleerbaar te maken –, de preventieve maatregelen die een stuurgroep kan nemen. Beoordeel zelf welke maatregelen in je eigen omgeving noodzakelijk zijn.

> **Mensenwerk**
> 'Een projectmanager is ook maar een mens. Als je geen enkele eis stelt aan de manier waarop projectmanagers plannen en rapporteren, kun je verwachten dat daardoor vroeg of laat ongelukken gebeuren en dat je daar te laat achter komt.'

Tabel 3.1 Preventieve maatregelen die de stuurgroep kan nemen om te voorkomen dat een interne projectmanager oncontroleerbaar wordt

Hoe kan een projectmanager oncontroleerbaar worden?	Hoe kan de stuurgroep dit voorkomen?
Geflatteerd Om voorlopig een gunstiger beeld van de voortgang te schetsen, rapporteert de projectmanager een fase die nog slechts in hoofdlijnen gereed is als 'gereed'. De uren die nodig zijn om deze af te ronden, boekt hij op een volgende activiteit of fase.	Eis dat iedere fase resulteert in één of meer producten waarvan omschreven is aan welke eisen ze voldoen en wie deze eisen mag toetsen. Als het resultaat van een fase is omschreven als 'een verbouwingsplan', dan laat dit nog veel ruimte voor interpretatieverschillen. Een betere omschrijving kan zijn 'een door de facilitair manager en de bedrijfsbeveiligingsdienst goedgekeurd verbouwingsplan'. Dan is duidelijk waar de eindstreep ligt.
Onvoorzien Tijdens de uitvoering bestempelt de projectmanager activiteiten waarvan de stuurgroep dacht dat deze bij het project hoorden als 'onvoorzien' en voert deze daarmee als reden op om extra tijd en/of budget toegekend te krijgen.	Dit betekent dat het project niet eenduidig afgebakend is. Laat het eindresultaat van het project beschrijven als een product met een omschrijving van de acceptatiecriteria en de wijze waarop wordt aangetoond dat hieraan wordt voldaan. Alle activiteiten die nodig zijn om dit product te realiseren vallen binnen de afbakening van het project, tenzij anders is vastgelegd.

Hoe kan een projectmanager oncontroleerbaar worden?	Hoe kan de stuurgroep dit voorkomen?
Externe invloeden De projectmanager voert onverwachte 'externe invloeden' aan waardoor hij de planning niet kan realiseren. Bijvoorbeeld 'de werkzaamheden zijn later klaar vanwege de regen', terwijl droog weer niet vooraf als randvoorwaarde voor tijdige levering is genoemd.	De projectmanager moet de redenen waarom een planning eventueel niet realiseerbaar kan zijn, zo veel mogelijk vooraf als risico benoemen. Het zich niet voordoen van het risico kan hij als randvoorwaarde vastleggen. De stuurgroep moet hierover een besluit nemen. De door de stuurgroep vastgestelde planning, budget en randvoorwaarden vormen één geheel en vormen samen de basis voor toetsing van de realisatie (baseline). Aanvaarding van de opdracht door de projectmanager betekent aanvaarding van deze baseline. Verlang van de projectmanager dat hij zijn rapportages steeds nauwkeurig relateert aan deze baseline.
Eigen potje Binnen de projectplanning en begroting neemt de projectmanager een aantal voor anderen niet inzichtelijke posten op, waardoor een potje ontstaat dat hij naar eigen inzicht kan besteden zonder dat de stuurgroep hier inzicht in heeft. Bovenop de door de stuurgroep toegekende toleranties creëert de projectmanager hiermee aanvullende speelruimte.	Wees kritisch op alle activiteiten in planningen met vage omschrijvingen (zoals 'afstemming', 'controle-activiteiten', 'teamoverleg', 'rapporteren') of technische benamingen (zoals 'informatieanalyse'). Verlang dat iedere geplande activiteit gerelateerd is aan een toetsbaar product met een voor niet-specialisten begrijpelijk doel en met begrijpelijke kwaliteitseisen. Het is aanvaardbaar om, bovenop de productgerichte activiteiten, algemene kosten zoals projectmanagement als opslag op de totale begroting weer te geven. Deze kunnen getoetst worden door vergelijking met overeenkomstige projecten. Laat plannen en begrotingen eventueel toetsen door een ervaren projectmanager uit de organisatie of door een onafhankelijke auditor.
Openstaande activiteiten Openstaande activiteiten (onderhanden werk, dat wil zeggen wel begonnen, nog niet gereed) vertegenwoordigen samen een groot deel van de totale lopende fase, waardoor het inzicht in de status van de gehele fase onbetrouwbaar wordt.	Verlang een planning waarin openstaande activiteiten samen nooit meer dan een bepaald percentage van de totale faseomvang vertegenwoordigen. Indien tegelijk lopende activiteiten samen een te groot deel van de fase uitmaken, moeten deze in deelactiviteiten gesplitst worden die afzonderlijk worden afgerond. Uiteraard blijft gelden dat iedere activiteit gerelateerd moet zijn aan de realisatie van een product met controleerbare kwaliteitseisen. NB: sta een afweging toe van het nut van bovenstaande tegen de overhead van een groter aantal deelproducten c.q. activiteiten.

3. Het aansturen van de projectmanager

Hoe kan een projectmanager oncontroleerbaar worden?	Hoe kan de stuurgroep dit voorkomen?
Tijd terugwinnen? De projectmanager meldt dat hij achter loopt op de planning, maar dat hij de geplande einddatum nog steeds denkt te halen. Met andere woorden: hij veronderstelt dat de factoren die hebben geleid tot de planningsoverschrijding zich in de toekomst in het geheel niet meer voor zullen doen en bovendien dat hij in het resterende deel van het project evenveel tijd zal winnen als hij tot nu toe heeft verloren. Dit is voor de stuurgroep prettig om te horen, maar helaas ongeloofwaardig. Bovenstaande geldt uiteraard op overeenkomstige wijze voor budgetoverschrijdingen.	Een realistisch uitgangspunt is: als er planningsoverschrijdingen zijn in een deel van een project, dan zullen vergelijkbare overschrijdingen zich voordoen in de rest van het project. Dit uitgangspunt is geldig totdat het tegendeel is aangetoond. Om het tegendeel aan te tonen is een analyse nodig. Welke factoren hebben geleid tot de overschrijdingen? Kunnen deze ook de resterende fasen en activiteiten beïnvloeden? Welke maatregelen zijn er genomen om deze factoren te elimineren en zijn deze effectief? Is de risicoanalyse aangepast aan deze nieuwe inzichten? Welke conclusies kunnen we trekken over de kwaliteit van de planning? Een bevredigend antwoord op deze vragen is nodig om te kunnen concluderen dat de overschrijding een eenmalige uitzondering was.
Taalgebruik De projectmanager maakt het door moeilijk taalgebruik lastig voor de stuurgroepleden om te volgen wat er in het project gebeurt.	Eis dat alle rapportages zodanig geschreven zijn dat deze voor alle leden van de stuurgroep volledig te begrijpen zijn. De projectmanager moet zich aanpassen aan de samenstelling van de stuurgroep en niet andersom.
Geen totaalbeeld De projectmanager rapporteert verschillende statussen: sommige activiteiten liggen voor op schema, andere achter, sommige activiteiten zitten boven budget, andere eronder. Het is moeilijk om dan een goed totaalbeeld te krijgen.	Vraag steeds om een geconsolideerde rapportage. Er zijn technieken waarmee de geconsolideerde projectstatus, zowel in tijd als in geld, in één oogopslag te overzien is[12]. Verlang van de projectmanager dat uit iedere rapportage expliciet blijkt of hij verwacht de geplande resultaten van de lopende fase nog binnen de toleranties te gaan leveren.
Twijfel aan juistheid Het is niet duidelijk waar de uitspraken van de projectmanager op gebaseerd zijn. Er is twijfel aan de juistheid en nauwkeurigheid van zijn rapportages.	Laat een deskundige, onafhankelijk van de projectmanager, de onderbouwing van de rapportages controleren (projectborging).

Hoe kan een projectmanager oncontroleerbaar worden?	Hoe kan de stuurgroep dit voorkomen?
Alleen out of pocket-kosten Bij een project dat deels door eigen medewerkers wordt uitgevoerd. De projectmanager neemt alleen de *out of pocket-*kosten op in de financiële begroting en vermeldt de interne uren pro memorie. De totale kosten van het project voor de organisatie worden daardoor onderschat. Deze onderschatting op haar beurt leidt tot een te rooskleurig beeld van de businesscase.	Verlang dat ook de interne kosten in de financiële begroting zichtbaar worden gemaakt. Creëer indien nodig voor de projectmanager duidelijkheid over de kosten van interne uren. Laat eventueel met geschatte kosten werken. Verlang naast (niet in plaats van) het overzicht van de *out of pocket-*kosten een overzicht van de totale kosten.
'Er wordt hard gewerkt ...' In de voortgangsrapportage staan onder het kopje 'afgelopen periode' een waslijst aan activiteiten waaruit blijkt dat er heel hard wordt gewerkt.	Verlang focus op geleverde en goedgekeurde producten die genoemd zijn in het plan en laat bij opgeleverde producten naast de feitelijke opleverdatum vermelden wanneer ze hadden moeten worden opgeleverd volgens het plan. Wanneer er sprake is van producten die niet in het plan staan, dan moet de projectmanager een wijzigingsverzoek indienen, zodat de stuurgroep hier een besluit over kan nemen.

■ 3.5 HOE VOORKOM IK DAT EEN EXTERNE PROJECTMANAGER ONCONTROLEERBAAR WORDT?

Een externe projectmanager kan vanuit zijn organisatie onder druk staan om de tekortkomingen van leverancierszijde 'onder de pet te houden' of om commerciële mogelijkheden te creëren. Het gestelde in de vorige paragraaf is dan ook vaak in versterkte mate van toepassing. Een algemene preventieve maatregel kan zijn om vanuit de eigen gelederen iemand te benoemen die de dagelijkse contacten met de projectmanager onderhoudt en een controlerende functie heeft.

3. Het aansturen van de projectmanager

Tabel 3.2 Preventieve maatregelen die de stuurgroep kan nemen om te voorkomen dat een externe projectmanager oncontroleerbaar wordt

Hoe kan een projectmanager van een externe leverancier zich oncontroleerbaar maken?	Hoe kan de stuurgroep dit voorkomen?
Meerwerk Bij het aanbieden van meerwerk is er in beginsel geen sprake van concurrentie. De begroting van meerwerk is aanzienlijk ruimer dan wanneer dezelfde werkzaamheden binnen de aanbesteding waren aangeboden. Een bekende uitdrukking in de aannemerswereld luidt: 'Meerwerk schrijf je met een vork'.	Zorg dat betrokkenen in de eigen organisatie beseffen dat de onderhandelingspositie na het moment van aanbesteding vele malen zwakker is dan daarvoor. Dat betekent dat het doorgaans bijzonder lonend is als de specificaties op het moment van aanbesteding zo volledig mogelijk zijn. 'Dit vullen we later wel in' kan dus een zeer kostbare gedachte zijn.
Vaste prijs én nacalculatie Vooral bij professionele dienstverlening (IT, organisatieadvies, ingenieursbureaus): een projectmanager voert een project uit op basis van een vaste prijs. Hij kan de resultaten van dit project positief beïnvloeden door de projectmedewerkers naast hun werk binnen het kader van het afgesproken project tegelijk in te zetten op werkzaamheden op basis van nacalculatie. Bij de urenregistratie kunnen deze medewerkers dan op zijn minst 'afronden' ten gunste van het project. Uren waarvan niet honderd procent duidelijk is waar ze bij horen (bijvoorbeeld uren voor overleg) zullen gemakkelijk beschouwd kunnen worden als niet tot het project behorend en dus afzonderlijk gedeclareerd worden.	Toestaan dat dezelfde externe medewerkers zowel werkzaamheden binnen een project op basis van vaste prijs als werkzaamheden op basis van nacalculatie uitvoeren, is de kat op het spek binden. Bij veel commerciële dienstverlenende bedrijven staan medewerkers individueel onder druk om veel factureerbare uren te maken. Exact uren schrijven is onmogelijk: er moet altijd worden afgerond. Verlang waar mogelijk dat aanvullende werkzaamheden op basis van nacalculatie ten minste door andere medewerkers worden uitgevoerd. Maar ook dan kan een medewerker die op basis van nacalculatie werkt, hand- en spandiensten verrichten om de medewerkers die binnen de vaste prijsopdracht werken te ontlasten, op kosten van de opdrachtgever. Het combineren van beide contractvormen met dezelfde leverancier blijft een risico.
Aanbesteding in fasen De leverancier biedt de eerste fase onder de prijs aan om binnen te komen bij de opdrachtgever en verdient de kosten hiervan (ruim) terug in vervolgfasen, wanneer de opdrachtgever slechts tegen hoge kosten kan overstappen naar een andere leverancier.	Besteed het project bij voorkeur als één geheel aan en bouw voorwaarden in waaronder je als opdrachtgever na iedere fase kunt besluiten de samenwerking te beëindigen. De leverancier moet aangeven op welke aannames zijn offerte gebaseerd is en zal uiteraard verlangen dat hij bij de start van een nieuwe fase zijn offerte kan bijstellen als nieuwe informatie daar aanleiding toe geeft. Stel eisen aan de (algemeen aanvaarde) standaards waaraan de leverancier moet voldoen. Verlang dat een fase zodanig wordt afgerond, dat de resultaten overdraagbaar zijn. De documentatie van een deelresultaat moet onderdeel van dat deelresultaat zijn. Controleer het kwaliteitsplan hierop.

Noten bij Hoofdstuk 3

[10] In sommige organisaties is een teammanager een lijnfunctionaris. Dit boek gebruikt de term 'teammanager' in de betekenis van deelprojectleider.

[11] Een vergelijkbare certificering, gericht op de competentie van projectmanagers, is die van het internationale PMI (Project Management Institute). Deze kennen twee niveaus: CAPM (Certified Associate in Project Management) voor beginnende projectmanagers en PMP (Project Management Professional) voor ervaren projectmanagers. Deze certificaten stellen eisen aan zowel theoriekennis als ervaring.

[12] Earned Value Analyse is een methode om de voortgang van een project te meten aan de hand van de gebudgetteerde en gerealiseerde kosten van het uitgevoerde werk. Onder andere beschreven in *Projectmanagement op basis van NCB versie 3.0* (Hedeman, 2008)

4 Hoe krijg ik inzicht in de baten?

Zoals gezegd in de inleiding van dit boek: een project is pas succesvol wanneer ook de baten gerealiseerd zijn. Als opdrachtgever, eindverantwoordelijk voor het succes van het project, kun je lang niet altijd alle baten zelf realiseren. Bijvoorbeeld: je bent als divisiemanager opdrachtgever van een project waarbij meerdere divisies betrokken zijn, en waarbij een deel van de batenrealisatie moet plaatsvinden binnen andere divisies. Je bent dan nog steeds verantwoordelijk voor de goede toepassing van batenmanagement, zodat de betrokken managers hun verantwoordelijkheden kennen en bereid zijn deze te nemen.

■ 4.1 BATENMODELLERING

De investering in een project is pas lonend als je de kosten en de risico's weet te beheersen en de baten realiseert. In veel organisaties houdt men zich al intensief bezig met kostenmanagement en risicomanagement. Batenmanagement is echter vaak nog een relatief onbekend terrein. Het is dan ook een belangrijke valkuil: alle aandacht richten op het plannen en uitvoeren van het project, maar na afloop aan de slag gaan met volgende projecten en verzuimen om de baten van het vorige project daadwerkelijk te oogsten. Zonder effectieve batenrealisatie is een businesscase vrijblijvend.

> **Baat**
> Een baat is een effect van verandering dat door een belanghebbende als positief wordt gezien.
>
> Een baat kan zowel financieel als niet-financieel zijn. Vaak zijn baten de te leveren prestaties waarvoor het lijnmanagement verantwoordelijk is. Het realiseren van de baten

> is maatgevend voor het succes van een project. De meeste baten zijn relatieve prestatie-
> verbeteringen zoals 'kortere levertijden' of 'grotere veiligheid'. Sommige baten zijn
> absoluut (wel of niet waar), zoals 'voldoen aan wetgeving'.

Dit hoofdstuk gaat over batenmanagement, oftewel: alles wat je doet om te zorgen dat een investering in een project maximaal voordeel oplevert. Lees voor meer uitgebreide informatie over batenmanagement *Batenmanagement draait om mensen. Hoe je veranderinitiatieven naar duurzaam succes stuurt* (Van der Molen, 2013-1).

Casus Dutch Domestic Appliances (1): van aannames naar commitment

Dutch Domestic Appliances heeft te maken met teruglopende resultaten. Uit onderzoek blijkt dat de klanttevredenheid lager is dan bij concurrenten. Klanten klagen onder andere over lange levertijden. De manager Logistiek doet een voorstel voor een project, gericht op de integratie van logistieke processen. Dit zou moeten leiden tot kortere levertijden. In haar voorstel – een globale businesscase – laat zij zien dat het een lonende investering is. Deze conclusie berust op een aantal aannames, waaronder de volgende:

- de integratie van logistieke processen brengt de gemiddelde levertijd terug van tien dagen naar vier dagen;
- de klanttevredenheid, uitgedrukt in NPS[13], stijgt hierdoor met 30 procent;
- dit heeft, ten gevolge van de hogere omzet, een positief effect op het bedrijfsresultaat van € 500.000.

Maar aannames zijn vrijblijvend. Het gaat erom dat je de baten realiseert. In een workshop met belanghebbenden worden de aannames uit deze businesscase daarom onder de loep genomen. De deelnemers stellen al snel vast dat deze aannames geen aannames moeten zijn, maar dat het gaat over hun eigen prestaties, namelijk het realiseren van bepaalde baten. Immers, de manager Logistiek is verantwoordelijk voor de levertijden, de manager Operatie is verantwoordelijk voor de klanttevredenheid, de manager Verkoop is verantwoordelijk voor de omzet en de algemeen directeur is verantwoordelijk voor het bedrijfsresultaat. In plaats van vrijblijvende aannames zijn er concrete commitments nodig.

Commitments, waarbij iemand de verantwoordelijkheid neemt voor een individuele prestatie als bijdrage aan een gezamenlijk doel, noemt men *bateneigenaarschap*. Bateneigenaarschap is het fundament van batenmanagement.

Workshops
Dit bateneigenaarschap kun je natuurlijk niet zomaar aan mensen opleggen: het werkt pas wanneer mensen zich verantwoordelijk *voelen*. De belangrijkste voorwaarde hiervoor is dat mensen zich kunnen verbinden met het doel van het project. Om dit te bereiken is het belangrijk om belanghebbenden waar mogelijk invloed te geven op het formuleren van het doel en in elk geval op de wijze waarop het doel bereikt wordt. Workshops zijn hiervoor vaak een geëigende werkvorm. In zo'n workshop krijgen de belanghebbenden inzicht in het gezamenlijke proces van waardecreatie dat de businesscase bepaalt en ontdekken ze hoe ze, door ieder hun verantwoordelijkheid te nemen, samen de baten van de businesscase kunnen realiseren[14].

Batenkaart
Een belangrijk hulpmiddel om het waardecreatieproces en ieders individuele bijdrage daaraan bespreekbaar en inzichtelijk te maken, is het samen met belanghebbenden ontwikkelen van een batenkaart. Een batenkaart laat zien welke baten gerealiseerd moeten worden en hoe deze van elkaar afhankelijk zijn. Het is aan te raden bij elk van de baten de naam te zetten van degene die er de verant-

woordelijkheid voor neemt: de bateneigenaar. Het feit dat de baten niet anoniem zijn, helpt om een luchtkasteel te voorkomen. Immers, wanneer een verwachte baat irreëel hoog is, heeft de betreffende bateneigenaar een goede reden zich hiertegen verzetten. Door de namen erbij te zetten is ook duidelijk dat het realiseren van een businesscase geen kwestie is van rekenwerk, maar van mensenwerk.

De pijlen in een batenkaart geven afhankelijkheden aan, maar niet per se oorzaak-gevolgrelaties. A → B betekent dat wanneer A groter wordt, ook B groter kan worden, maar dat de bateneigenaar van B daar soms nog wel iets voor moet doen. Door samen een batenkaart op te stellen leren de deelnemers van elkaar hoe het waardecreatieproces werkt en kunnen zij zien hoe hun individuele prestatie daaraan bijdraagt. Deze batenkaart, met vermelding van bateneigenaren en afhankelijkheden, is een goed fundament om de businesscase verder uit te werken.

Casus Dutch Domestic Appliances (2): een batenkaart
De deelnemers vatten hun commitments en onderlinge afhankelijkheden samen in een batenkaart zoals weergegeven in figuur 4.1.

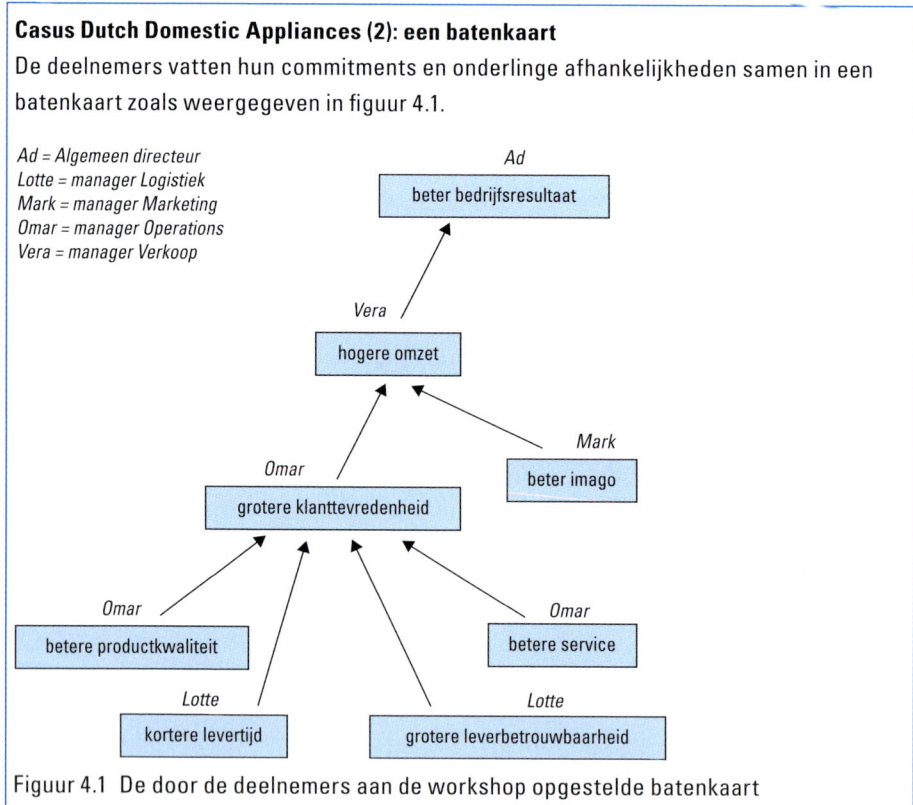

Figuur 4.1 De door de deelnemers aan de workshop opgestelde batenkaart

> Uit de batenkaart blijkt hoe de betrokkenen, om elk hun bijdrage te kunnen leveren, van elkaar afhankelijk zijn. Alleen in samenwerking kunnen zij een goed resultaat bereiken. Uit de batenkaart blijkt ook dat de klanttevredenheid niet alleen afhangt van de levertijd: ook productkwaliteit, leverbetrouwbaarheid en service spelen een rol. Investeringen in verkorting van de levertijd moeten dus worden afgewogen tegen eventuele investeringen in andere factoren die de klanttevredenheid beïnvloeden.

Het concretiseren van de baten

Voordat je deze commitments concreet kunt maken, moet je het eerst eens zijn over wat je er precies mee bedoelt en hoe je ze kunt meten.

> **Casus Dutch Domestic Appliances (3): definities en meetcriteria**
> De deelnemers worden het eens over de definities en criteria zoals weergegeven in tabel 4.1.
>
> Tabel 4.1 Criteria waarover betrokkenen het eens zijn
>
> | | |
> |---|---|
> | **Productkwaliteit** | het percentage producten dat direct volledig correct wordt geleverd |
> | **Levertijd** | de gemiddelde tijd die verstrijkt tussen het moment waarop de klant de definitieve order plaatst en het moment waarop de klant de daadwerkelijke beschikking over het bestelde product krijgt |
> | **Leverbetrouwbaarheid** | het percentage leveringen waarvan de feitelijke levertijd niet langer is dan de met de klant afgesproken levertijd |
> | **Service** | [nog geen overeenstemming over] |
> | **Imago** | [nog geen overeenstemming over] |
> | **Klanttevredenheid** | tevredenheid van de klant over het bedrijf als geheel uitgedrukt in *Net Promotor Score* (NPS) |
> | **Omzet** | conform jaarverslag |
> | **Bedrijfsresultaat** | conform jaarverslag |
>
> Uit de tabel blijkt dat de meeste baten niet-financieel van aard zijn. Overigens zijn in dit voorbeeld de uiteindelijke baten – een hogere omzet en een beter bedrijfsresultaat – wel financieel van aard.

Vervolgens kun je de baten kwantificeren.

> **Casus Dutch Domestic Appliances (4): verwachte baten en ambities**
> Nadat zij zich er verder in hebben kunnen verdiepen, komen ze in een tweede workshop samen tot een aantal concrete commitments:
> - De verkorting van de levertijd is met een redelijke mate van zekerheid te voorspellen. De manager Logistiek neemt de verantwoordelijkheid om na uitvoering van het project een levertijd van vier dagen te realiseren.
> - Het effect hiervan op de klanttevredenheid is moeilijker te voorspellen. De manager Operatie neemt als ambitie om op basis hiervan de klanttevredenheid met 20 procent te verhogen (30 procent is volgens hem niet realistisch).
> - De manager Verkoop neemt als ambitie om op basis hiervan met een vertraging van een half jaar de omzet met 10 procent te verhogen.
>
> De algemeen directeur stelt op basis hiervan het beoogde bedrijfsresultaat € 400.000 hoger. Tabel 4.2 laat een samenvatting zien van het totaal van de beoogde baten, gebaseerd op de concrete commitments en ambities van de betrokken managers. Deze baten zijn uitgewerkt in drie scenario's:
> 1. pessimistisch: als de omstandigheden, zoals marktontwikkelingen, tegenzitten;
> 2. meest waarschijnlijk: op basis van verantwoordelijkheden en ambities bij verwachte omstandigheden;
> 3. optimistisch: als de omstandigheden, zoals marktontwikkelingen, meezitten.
>
> Tabel 4.2 De beoogde financiële baten. Let op, de cijfers geven het verschil aan tussen de baten van wel investeren (het project uitvoeren) en niet investeren (de nuloptie)
>
> | Effect op bedrijfsresultaat per jaar | Pessimistisch | Meest waarschijnlijk | Optimistisch |
> |---|---|---|---|
> | T.g.v. hogere omzet | + € 150.000 | + € 400.000 | + € 900.000 |
> | T.g.v. lagere operationele kosten (niet opgenomen in afgebeeld batenmodel) | + € 100.000 | + € 100.000 | + € 100.000 |
> | Baten per jaar totaal | + € 250.000 | + € 500.000 | + € 1.000.000 |

Door de baten van de businesscase op deze manier uit te werken, bereik je dat de businesscase geen vrijblijvende verwachting is, maar zo goed mogelijk is gebaseerd op concrete verantwoordelijkheden en ambities van belanghebbenden.

Bij de beoordeling van een investering spelen, naast de baten, ook de kosten en de risico's een rol. Het beoordelen van het geheel van deze factoren, als basis voor het afwegen van de investering tegen andere investeringsmogelijkheden, is het terrein van de investeringsanalyse[15].

4.2 BATENREALISATIE

Bij batenrealisatie gaat het om de effecten van verandering, maar die kun je meestal niet volgens plan uitvoeren. Het is zelfs vrijwel zeker dat de realiteit anders zal zijn dan het plan. Waarom zou je dan toch een plan maken voor de realisatie van de baten, een batenrealisatieplan? Een batenrealisatieplan is een *samenvatting van de verwachtingen en ambities van belanghebbenden*. Het bestaat uit de batenkaart(en), met daarop aangegeven de bateneigenaren, en met daaraan toegevoegd informatie over de omvang van de beoogde baten en wanneer betrokkenen deze denken te realiseren.

Zo'n batenrealisatieplan is niet bedoeld als keurslijf of dwangmiddel, maar als referentiekader voor de belanghebbenden om de werkelijke effecten van hun handelen te beoordelen. Een batenrealisatieplan geeft aan wanneer welke baten te realiseren zijn en is dus de maatstaf voor prestatiemeting. De verschillen tussen plan en meting vormen voor betrokkenen stof tot discussie, aanleiding hun beeld van het waardecreatieproces verder te ontwikkelen, en uiteraard aanleiding om bij te sturen.

Daarnaast biedt het batenrealisatieplan, in combinatie met het investeringsplan, belangrijke informatie voor het uitwerken van de businesscase. Bij programma's is het overzicht over de beoogde batenrealisatie per periode input voor het vaststellen van plateaus (programmafasen, af te ronden met de realisatie van bepaalde baten).

Samen prestaties meten, leren en bijsturen
Prestatiemeting van de batenrealisatie ten opzichte van het plan levert slechts gegevens. Deze gegevens krijgen pas betekenis wanneer belanghebbenden deze samen interpreteren en omzetten in informatie. En deze informatie is pas zinvol wanneer belanghebbenden op basis hiervan samen tot inzicht komen in de werking van het waardecreatieproces en besluiten tot acties om dit verder te beïn-

vloeden. Het draait bij prestatiemeting dus niet in de eerste plaats om het verzamelen van gegevens, maar om een sociaal proces van interactie tussen mensen met aanvullende kennis. Vaak is het daarom zinvol om ook na afronding van het project nog enkele batenworkshops te organiseren, gericht op het omzetten van metingen in acties.

> **Casus Dutch Domestic Appliances (4): meten van de batenrealisatie, leren en bijsturen**
> Drie maanden na de afronding van het project zijn de eerste cijfers over levertijd en klanttevredenheid beschikbaar, die betrekking hebben op de nieuwe situatie. Over de omzet en het bedrijfsresultaat bestaan nog geen relevante nieuwe gegevens. De betrokken managers komen opnieuw bijeen om de voortgang van de batenrealisatie te bespreken en indien nodig te besluiten tot bijsturing.
>
> Het blijkt dat de beoogde verkorting van de levertijd van tien naar vier dagen grotendeels gerealiseerd is: deze bedraagt nu gemiddeld vijf dagen. Lotte, de manager Logistiek, acht het mogelijk om, wanneer iedereen goed is ingewerkt in het nieuwe werkproces, een aantal zaken nog wat scherper in te regelen en zo inderdaad de beoogde vier dagen te realiseren.
>
> De cijfers over klanttevredenheid zijn een tegenvaller. De tevredenheid is ondanks de kortere levertijden niet significant verbeterd. De manager Operations heeft hier een aantal klanten over gesproken. Het blijkt dat zij, na de berichtgeving over de geplande verbeteringen, teleurgesteld zijn in het resultaat. Een levertijd van vijf dagen is niet voldoende voor iemand die vier dagen verwacht. En daarnaast is vijf dagen slechts een gemiddelde, soms wordt in vier dagen geleverd, maar ook levertijden van zes of zeven dagen komen regelmatig voor. Slechts 70 procent van de leveringen blijkt binnen de met de klant afgesproken tijd plaats te vinden.
>
> Het team concludeert dat de communicatie over de verbeteringen onzorgvuldig is geweest en dat de levertijd weliswaar sterk verkort is, maar dat de leverbetrouwbaarheid (levering volgens afspraak) nu het knelpunt is. Het team besluit daarom tot de volgende acties:
> - De manager Marketing neemt op zich om de algemene berichtgeving aan klanten over de nieuwe werkprocessen, en wat ze hiervan kunnen verwachten, te verbeteren om te hoge verwachtingen tegen te gaan.

- De manager Operations neemt op zich om de berichtgeving aan individuele klanten over specifieke leveringen te verbeteren, zodat zij realistische informatie hebben over de te verwachten levertijd van hun order.
- De manager Logistiek neemt op zich om, behalve aan de levertijd, de komende tijd vooral aandacht te besteden aan de leverbetrouwbaarheid. Zij wil deze verhogen naar 95 procent.

Het team besluit over twee maanden, wanneer de eerste effecten van deze acties zichtbaar moeten zijn, opnieuw bijeen te komen.

Zodra men de overtuiging heeft dat de realisatie van de baten en de meting daarvan (bijvoorbeeld in de vorm van KPI's) onderdeel is geworden van de dagelijkse gang van zaken, is het niet meer zinvol om de baten van het project afzonderlijk te meten en/of hier afzonderlijk over te rapporteren.

4.3 DE MOTIVERENDE KRACHT VAN BATENMANAGEMENT

Om projecten in een dynamische omgeving tot een succes te maken is het noodzakelijk om kansen te benutten, flexibel te zijn en je steeds aan te passen aan nieuwe omstandigheden. Dit vereist dat mensen meedenken, met ideeën komen en initiatieven nemen, en dus dat mensen daadwerkelijk gemotiveerd zijn. Uit onderzoek, gebundeld door Daniel Pink (Pink, 2010), blijkt inderdaad dat organisaties die in een sterk dynamische omgeving succesvol zijn, organisaties zijn die erin slagen aan te sluiten op de intrinsieke motivatie van mensen.

Volgens Pink komt intrinsieke motivatie voort uit drie bronnen:
1 *Autonomie*: onze wens om de regie te voeren over ons eigen leven.
2 *Meesterschap*: onze drang om steeds beter te worden in wat we doen (dit begint met leren lopen en knikkeren, en komt later tot uiting in onder meer sport, hobby en werk).
3 *Zingeving*: ons verlangen om onderdeel te zijn van iets wat groter is dan wijzelf, en daarbinnen van betekenis te zijn (bijvoorbeeld door bij te dragen aan een hoger doel of van betekenis te zijn voor anderen).

Goed toegepast batenmanagement blijkt uitstekend aan te sluiten op deze drie bronnen.

Autonomie
Door het werken in workshops ervaren de deelnemers dat het niet gaat om het uitvoeren van een opgelegde taak, maar dat hun mening ertoe doet en dat zij invloed hebben op een eigen rol en verantwoordelijkheid. En wanneer ze een verantwoordelijkheid als bateneigenaar op zich nemen, ervaren ze dat deze verantwoordelijkheid het resultaat betreft, terwijl er ruimte is voor eigen oordeelsvorming en initiatief om hier invulling aan te geven.

Meesterschap
Goed ingevuld bateneigenaarschap sluit zo nauw mogelijk aan op datgene waarvoor je in je rol verantwoordelijk bent, het vak dat je gekozen hebt, en verschaft je de middelen om je prestatie daarin te verbeteren. Voor veel mensen is het prettig om een herkenbare prestatie te leveren, waarvan duidelijk is dat het hun eigen prestatie is.

Zingeving
Door samen te werken aan de formulering van de businesscase kunnen betrokkenen zich met de businesscase verbinden. Bateneigenaarschap is voor een individu motiverend, doordat het de individuele prestatie relateert aan de realisatie van de businesscase als gedeeld doel. Volgens onderzoek van het Sociaal Cultureel Planbureau is het gevoel als individu bij te dragen aan een gemeenschappelijk doel een van de belangrijkste factoren die leiden tot het ervaren van geluk op het werk (Van Campen, 2012).

De voordelen van batenmanagement
Goed toegepast batenmanagement biedt de volgende voordelen:
- beter gefundeerde en gedragen besluitvorming over investeringen;
- een beter rendement (financieel en/of niet-financieel) op investeringen;
- een basis voor *empowerment*, doordat bateneigenaarschap een heldere focus op het doel en de te bereiken effecten combineert met wendbaarheid ten aanzien van de middelen en de uitvoering;
- een hulpmiddel om een team intrinsiek te motiveren door het verbinden van de individuele prestaties met de bijdrage daarvan aan het gedeelde doel;
- een hulpmiddel om het businessmanagement te ondersteunen om verantwoordelijkheid te nemen voor het succes van projecten, wat de afhankelijkheid van veranderprofessionals, communicatiespecialisten en andere deskundigen vermindert;

- een hulpmiddel om samen te leren, gericht op het waardecreatieproces;
- door het tegengaan van acceptatieproblemen in de implementatiefase: het vergroten van de kans op duurzaam succes van projecten;
- het gevoel deel uit te maken van een team, samen de schouders eronder te zetten en ertoe te doen.

> **Gezond verstand**
> De realisatie van baten (positieve financiële of niet-financiële effecten) is dé reden om te investeren in verandering. Het invoeren van batenmanagement is 'to make common sense common practice' (Bradley, 2010).

Noten bij Hoofdstuk 4

[13] NPS is een veelgebruikte maatstaf voor klanttevredenheid. 'De Net Promotor Score wordt verkregen door klanten één vraag te laten scoren op een schaal van 0 tot 10: "Hoe waarschijnlijk is het dat u ons bedrijf zou aanbevelen aan een vriend of collega?" Op basis van hun antwoorden worden klanten verdeeld in drie groepen: *promotors* (aanraders, score 9 of 10), *passives* (passieven, score 7 of 8) en *detractors* (afraders, score 6 of lager). Het percentage detractors wordt dan afgetrokken van het percentage promotors om de NPS vast te stellen. Een score van 75% of hoger wordt als behoorlijk hoog beschouwd.' Bron: Wikipedia 30 juli 2010, vertaling door de auteur.

[14] Soms zijn verdergaande interventies nodig om de belanghebbenden in staat te stellen zich met het doel van de verandering te verbinden. Deze kunnen uiteenlopen van een Open Space bijeenkomst of World Café waarbij grote aantallen belanghebbenden invloed kunnen uitoefenen op het doel of de aanpak van het project, tot een systeemopstelling om weerstanden bespreekbaar te maken en mensen in staat te stellen zich met het doel te verbinden. Voor een overzicht van mogelijke interventies en nadere informatie hierover zie bijvoorbeeld Marcel Kuhlmann en Brigitte Hoogendoorn, *Implementatiekunst* (Scriptum, 2008).

[15] Een toelichting op investeringsanalyse valt buiten het bestek van dit boek. Zie voor een uitleg in eenvoudige taal de betreffende bijlage in *Waarom doen we dit eigenlijk? De businesscase als succesfactor voor projecten*, 2e druk (Van der Molen, 2013-2).

5 Sturen op kwaliteit

De projectmanager, in samenwerking met betrokken gebruikers en leveranciers, is verantwoordelijk voor het leveren van kwaliteit. Maar zoals eerder in dit boek beschreven, berust de eindverantwoordelijkheid voor de geleverde kwaliteit bij de leden van de stuurgroep: de seniorgebruiker is verantwoordelijk voor de functionele kwaliteit en de seniorleverancier voor de technische kwaliteit. Wat kun je als stuurgroeplid nu doen om de omstandigheden te creëren waaronder kwaliteit tot stand komt? En hoe kun je als stuurgroeplid de verantwoordelijkheid voor kwaliteit dragen, zonder in details te verzanden? Daarover gaat dit hoofdstuk.

■ 5.1 WAT IS KWALITEIT?

De meest gangbare definities van kwaliteit omschrijven kwaliteit als de mate waarin iets voldoet aan de eisen die eraan gesteld zijn.

> **Ruimte en vertrouwen?**
> Volgens sommigen gaat het bij kwaliteit in projecten om méér dan het voldoen aan gestelde eisen.
>
> Robert Pirsig onderscheidt *statische kwaliteit* en *dynamische kwaliteit* (Pirsig, 1991). 'Statische kwaliteit' heeft volgens hem betrekking op het voldoen aan vooraf gedefinieerde eisen en het werken volgens voorschriften. Dit is 'de kwaliteit van de boekhouding': voorspelbaar en herhaalbaar. Deze kwaliteit kun je zekerstellen door voldoende controle uit te oefenen. 'Dynamische kwaliteit' heeft betrekking op het gebruik van creativiteit en het scheppen van iets unieks. Dit is 'de kwaliteit van een kunstwerk', niet voorspelbaar maar juist onvoorspelbaar, niet herhaalbaar maar juist eenmalig. Deze vorm van kwaliteit stel je niet zeker met controle, het vraagt creativiteit en hiervoor zul je ruimte en vertrouwen moeten geven.

In projecten kunnen beide vormen van kwaliteit een rol spelen. Bij een project gericht op het vervangen van alle printers in een organisatie staat statische kwaliteit centraal: het belangrijkste is dat ze allemaal functioneren conform de eisen. Het projectproduct heeft de gewenste kwaliteit wanneer het aan deze eisen voldoet en kan objectief getoetst worden.

Maar bij een project gericht op de bouw van een stadhuis, de ontwikkeling van een huisstijl of de ontwikkeling van een website is het niet alleen belangrijk dat het product aan formele eisen voldoet. Om succesvol te zijn moet er iets unieks tot stand komen, iets dat anders is dan alles wat tot dan toe bestaat. Je hebt dan creatieve en betrokken mensen nodig die met onorthodoxe ideeën komen: dit vraagt om dynamische kwaliteit.

Soms vraagt de ene fase van een project vooral om dynamische kwaliteit (bijvoorbeeld om tot een uniek ontwerp te komen) en de andere fase vooral om statische kwaliteit (om dit ontwerp planmatig uit te voeren).

Jo Bos en Ernst Harting maken een vergelijkbaar onderscheid en spreken van drie kwaliteitsniveaus: *kwaliteit die moet* (minimaal te leveren kwaliteit, het voldoen aan de expliciet gestelde eisen), *kwaliteit die hoort* (waar de opdrachtgever op rekent) en *kwaliteit die kan* (de kwaliteit waarmee het project zich onderscheidt van alle andere projecten) (Bos, 2006).

■ 5.2 WAT ZIJN DE VERSCHILLENDE VERANTWOORDELIJKHEDEN VOOR KWALITEIT?

Opdrachtgever: eindverantwoordelijkheid

Als opdrachtgever ben je eindverantwoordelijk voor het succes van het project en dus ook voor de geleverde kwaliteit. Om deze verantwoordelijkheid op een effectieve en efficiënte manier te kunnen dragen, zul je de juiste verantwoordelijkheden moeten delegeren.

Stuurgroepleden: verantwoordelijkheid op deelaspecten

Specifieke kwaliteitsverantwoordelijkheden delegeer je aan de leden van de stuurgroep: de seniorgebruiker voor de functionele kwaliteit, beheerbaarheid en onderhoudbaarheid en de seniorleverancier voor de technische kwaliteit. Stel zeker dat zij hun verantwoordelijkheid voor kwaliteit kennen en serieus nemen. Dit betekent dat zij toezicht moeten houden (of laten houden) op de kwaliteit van de door de projectmanager opgeleverde producten en de manier waarop deze tot stand komen.

Projectmanager: productie

Het opleveren van de producten laat je uiteraard over aan de projectmanager. Hij moet dat doen op de wijze zoals vastgelegd in het kwaliteitsplan en conform de afgesproken kwaliteitseisen.

Reviewer (beoordelaar): kwaliteitsbeoordeling

Reviewers zijn personen die de kwaliteit van producten beoordelen. Hieronder vallen alle soorten kwaliteitscontroles, inspecties, technische tests en acceptatietests. Reviewers kunnen afkomstig zijn uit kringen van beoogde gebruikers of beheerders van de producten. Gebruikers of beheerders die aan hen op te leveren producten reviewen noemt men vaak acceptanten. Specialisten van leverancierszijde kunnen technische controles uitvoeren. Ook toezichthoudende instanties kunnen een rol spelen. Om te voorkomen dat een kwaliteitsreview ontaardt in het stellen van steeds nieuwe eisen is het belangrijk dat dit plaatsvindt binnen een duidelijk referentiekader. Bijvoorbeeld toetsing van het eindproduct ten opzichte van een ontwerp, of toetsing van een ontwerp ten opzichte van de specificaties. Een verzamelnaam hiervoor is productbeschrijving.

De projectmanager moet producten laten toetsen door reviewers die door of namens de stuurgroep zijn aangesteld en zorgen dat hun bevindingen worden vastgelegd. Zie erop toe dat stuurgroepleden weten wie er namens hen de kwaliteitscontrole uitoefent, zodat zij bewust verantwoordelijkheid voor de kwaliteit kunnen nemen.

Goedkeurder (approver): vrijgave

De resultaten van een review zijn niet altijd zwart-wit. Soms zijn er ondergeschikte gebreken die de moeite van het herstel niet waard zijn en soms komen verschillende reviewers tot verschillende bevindingen. Op basis van het advies van de reviewer(s) besluit de stuurgroep (of een door de stuurgroep aan te wijzen persoon of groep) tot daadwerkelijke vrijgave van een product. Een eenmaal vrijgegeven product kan niet meer gewijzigd worden zonder toestemming van degene die het heeft vrijgegeven.

Projectborging: toezicht namens stuurgroep
Projectborging is het toezicht op de werkwijze van de projectmanager door of namens de stuurgroepleden. Personen die namens een stuurgroeplid een projectborgingsrol vervullen, rapporteren onafhankelijk van de projectmanager aan het betreffende stuurgroeplid. Zie ook paragraaf 2.5.

Quality assurance: toezicht op de stuurgroep
Projectborging wordt soms verward met quality assurance. Quality assurance is toezicht namens de directie van een organisatie om zeker te stellen dat iedereen werkt volgens het kwaliteitssysteem van de organisatie. Bij projecten betekent dit het houden van toezicht op de hele projectorganisatie, inclusief de stuurgroep. In de praktijk gaat dit vaak in de vorm van audits.

Voorstel projectmanager
De projectmanager moet in het kwaliteitsplan voorstellen hoe de hierboven genoemde rollen optimaal kunnen worden gebruikt voor effectieve en efficiënte sturing en controle door de stuurgroep.

5.3 MET WELKE INSTRUMENTEN KAN DE STUURGROEP STUREN OP KWALITEIT?

Sturen op kwaliteit betekent in de eerste plaats een omgeving creëren waarbinnen mensen gemotiveerd zijn om kwaliteit te leveren. Dit vraagt vooral om algemene managementvaardigheden. Manieren waarop de stuurgroep dit kan beïnvloeden zijn onder meer:
- Het actief uitdragen van de businesscase, zodat gebruikers en specialisten beter kunnen meedenken over een optimale oplossing.
- Niet alleen bekritiseren van wat fout is maar vooral ook waarderen wat goed is, wat het zelfvertrouwen en de motivatie van medewerkers ten goede komt.
- Het gebruik van managementfasen, waarbinnen betrokkenen speelruimte en verantwoordelijkheid hebben, terwijl aan het eind van elke fase resultaten geconsolideerd worden, zodat je stap voor stap tot een kwaliteit komt, die voor alle belanghebbenden aanvaardbaar is.

- Het betrekken van gebruikers – de drijvende kracht achter kwaliteit – in alle fasen van het proces, zodat zij alle facetten van het resultaat kunnen beïnvloeden.

Projectmethodieken bevatten een breed scala aan formele instrumenten voor sturing op kwaliteit. De uitdaging is om deze in de juiste mate toe te (laten) passen, aangepast aan het specifieke project. Goed georganiseerde verantwoordelijkheden rond kwaliteit kunnen je helpen om discussies in de stuurgroep over details te beperken en tegelijkertijd het aantal kwaliteitsproblemen terug te dringen. Een te uitgebreide toepassing van kwaliteitsinstrumenten leidt tot bureaucratie en is contraproductief. Zoek samen met de stuurgroepleden en de projectmanager naar de juiste balans. Overwegingen hierbij zijn onder meer:
- Controle versus vertrouwen: met een hoge mate van controle heb je altijd de vinger aan de pols, maar tegelijkertijd is het een belasting voor een creatief proces. Mensen gaan tijd steken in verantwoording in plaats van creatie, goede professionals ervaren het als demotiverend en het ontneemt mensen de verantwoordelijkheid om direct kwaliteit te leveren: alles wordt toch nog uitentreuren gecontroleerd.
- Zekerheid versus ambitieniveau: wil je met zekerheid een minimumkwaliteit realiseren of ben je bereid risico te nemen om een unieke kwaliteit tot stand te brengen?

Laat de projectmanager op basis van de afwegingen van de stuurgroep het kwaliteitsplan opstellen. Misschien heb je hier al op geanticipeerd bij de aanstelling van de projectmanager: vraagt het project primair om een inspirator of om iemand die nauwkeurig volgens regels werkt?

> **Projectteam op bezoek**
> 'We hebben in het begin van het project het hele projectteam uitgenodigd voor een bezoek aan de fabriek waar de software uiteindelijk zou gaan draaien. Ze konden daar alles met eigen ogen zien en hun vragen stellen. Ze begrepen het echt en volgens mij heeft dat meer bijgedragen aan de kwaliteit dan alle formele maatregelen die we genomen hebben.'

Hieronder volgt een overzicht van de belangrijkste formele instrumenten voor sturing op kwaliteit.

Kwaliteitsverwachtingen, onderdeel van de beschrijving van het eindproduct van het project in het projectvoorstel

Om zeker te stellen dat de oplossing die het project biedt de juiste is, is het belangrijk dat er een goed inzicht is in de verwachtingen van de opdrachtgever en de gebruikers. Als je dit in een vroeg stadium laat vastleggen (nog vóór de formele start van het project), voorkom je dat tijd gestoken wordt in overbodige oplossingen.

Acceptatiecriteria, onderdeel van de beschrijving van het eindproduct in het projectvoorstel

Welke concrete criteria gaan gebruikers, beheerders, certificerende instanties en andere belanghebbenden nu precies hanteren om uiteindelijk het projectproduct te accepteren? Hiermee wordt de eindstreep van het project concreet gemaakt. Voor de aanpak van het project is dit richtinggevend.

> **Tijdig nadenken loont**
> Wanneer dergelijke criteria pas gedurende de loop van het project duidelijk worden, kan dit tot hoge extra kosten en tijdverlies leiden. Zorg daarom dat alle belanghebbenden begrijpen dat het lonend is om hier voor de aanvang van het project goed over na te denken. Maar hoe goed je het ook doet, latere wijziging van de acceptatiecriteria zijn soms onvermijdelijk. De projectmanager moet deze als wijzigingsvoorstellen voorleggen aan de stuurgroep.

Beschrijving van het eindproduct, onderdeel van het projectvoorstel

Wat is er klaar als het klaar is? Het is de klassieke vraag om de scope van een project helder te krijgen. In de initiatiefase van het project moet de projectmanager deze vraag samen met de belanghebbenden beantwoorden, uitgaande van de kwaliteitsverwachtingen en acceptatiecriteria.

> **Wijzigen wordt steeds duurder**
> Ook hier geldt: hoe later dit duidelijk wordt, des te hoger zijn de kosten om zaken te wijzigen. Het is niet noodzakelijk om volledige en gedetailleerde specificaties te hebben, die komen vaak later pas. Wat wel duidelijk moet zijn is de aard van het product. Er kan een wereld van verschil zijn tussen een 'technisch werkend product' en een 'door de organisatie in gebruik genomen product'.

Kwaliteitsplan

Hierin staan de afspraken die de projectmanager met de stuurgroep maakt om te zorgen dat hij producten met de juiste kwaliteit oplevert en om vast te leggen hoe de stuurgroep daar sturing aan geeft en controle op uitoefent.

> **Wat hebben belanghebbenden nodig?**
> Misschien herken je de volgende problemen.
> - In de loop van een project komen nieuwe eisen op tafel, waardoor extra werk nodig is.
> - Bij de overdracht naar beheer ontstaan problemen.
> - Aan het eind van een project zijn er nog veel losse eindjes waarvan niet duidelijk is wie ze oplost.
> - Het eindresultaat voldoet niet (geheel) aan de verwachtingen.
>
> Dit zijn allemaal kwaliteitsproblemen.
>
> Het doel van het kwaliteitsplan is om deze problemen waar mogelijk te voorkomen en te zorgen dat het project oplevert wat de belanghebbenden nodig hebben. De belangrijkste vragen in een kwaliteitsplan zijn:
> 1. Aan welke standaards en specifieke eisen moet het resultaat voldoen?
> 2. Wie zijn daar verantwoordelijk voor?
> 3. Hoe organiseer je dat het resultaat inderdaad aan die eisen voldoet en hoe ga je dit toetsen?
>
> Waar het om draait, is dat de belanghebbenden het eens zijn over de antwoorden op deze vragen en dat ze zijn vastgelegd. Dat is het doel van het kwaliteitsplan.

Productbeschrijvingen

Op weg naar levering van het eindproduct komen er in een project tal van tussenproducten tot stand. Productbeschrijvingen zijn voor een stuurgroeplid een hulpmiddel waarmee je grip op kwaliteit hebt zonder dat je zelf al deze producten hoeft te controleren. Door een productbeschrijving goed te keuren, stel je niet alleen vast aan welke eisen een product moet voldoen, maar ook wie bevoegd is het product te controleren. Daarmee geef je houvast aan degene die het product maakt en is de norm duidelijk voor degene die het product controleert. De projectmanager mag een product pas als gereed melden wanneer hij laat zien dat de door de stuurgroep geaccepteerde reviewers het met goed gevolg hebben gereviewd.

Concreet en transparant

Wanneer in iedere productbeschrijving vastligt wie de kwaliteit mag toetsen, dan is het voor de stuurgroepleden niet erg overzichtelijk hoe deze verantwoordelijkheden belegd zijn. In veel projecten kom je bij verschillende producten dezelfde reviewers tegen. Laat de projectmanager een schema maken met daarin de (hoofd)producten van het project of de fase, met per product de reviewers en het stuurgroeplid namens wie deze hun reviewwerkzaamheden uitvoeren (zie tabel 5.1 als voorbeeld).

Tabel 5.1

stuurgroeplid	seniorgebruiker			seniorleverancier	
reviewer	gebruiker A	gebruiker B	beheerder	ontwerper	bouwer
product 1	x	x	x		
product 2	x	x		x	
product 3	x		x	x	x
product 4	x		x		x
product 5	x	x	x	x	

Zo kan een stuurgroeplid in één oogopslag zien aan wie hij welke bevoegdheden voor kwaliteitscontrole toevertrouwt. Het abstracte begrip 'verantwoordelijkheid voor kwaliteit' wordt zo concreet en transparant.

In plaats van een met naam genoemde reviewer ('gebruiker A') kan een rol ook worden toegewezen aan 'een vertegenwoordiger van afdeling X, aan te wijzen door het management van de afdeling'.

Kwaliteitslogboek

Het kwaliteitslogboek bevat een overzicht van alle geplande en uitgevoerde kwaliteitscontroles (reviews). De projectmanager mag producten pas als gereed melden wanneer uit het kwaliteitslogboek blijkt dat ze de vereiste review(s) met goed gevolg doorstaan hebben. Daarmee ontstaat een toetsbaar beeld van de voortgang. De stuurgroep kan hiermee (laten) controleren of de juiste reviews hebben plaatsgevonden.

In een minder formele omgeving bevat het kwaliteitslogboek geen overzicht van geplande reviews, maar is het alleen een bewaarplaats van reviewverslagen.

■ 5.4 HOE KAN IK GEBRUIKERS EFFICIËNT EN EFFECTIEF BETREKKEN BIJ DE REALISATIE VAN KWALITEIT?

Uit bijna ieder onderzoek naar de oorzaken van slagen of falen van projecten blijkt dat de juiste betrokkenheid van gebruikers een belangrijke succesfactor is. Een op de juiste wijze gerichte invloed van gebruikers is waarschijnlijk de belangrijkste sleutel tot kwaliteit: het komt de kwaliteit van het resultaat ten goede, het verbetert de acceptatie van het resultaat, bevordert voorspoedige ingebruikname en draagt bij aan snelle realisatie van de baten. Ongerichte gebruikersinvloed kan leiden tot teleurstellingen, conflicten en vertragingen.

Referentiekader: de businesscase

Het is een valkuil om gebruikers in het algemeen uit te nodigen 'hun wensen in te brengen'. Het project kent immers beperkingen en niet alle wensen zijn realiseerbaar. Zie er daarom op toe dat de communicatie met gebruikers plaatsvindt binnen de kaders van de businesscase, zodat zij realistische verwachtingen hebben.

> **Verwachtingsmanagement**
>
> Een goede uitnodiging aan gebruikers zou als strekking kunnen hebben: 'Ons project X is gericht op kostenreductie in het verkoopproces. Ben je bereid op basis van jouw kennis en ervaring als medewerker binnendienst hier een bijdrage aan te leveren, om te zorgen dat alles straks goed werkt?' Zo zijn de kaders vanaf het begin duidelijk: iedereen begrijpt nu dat wensen die niet bijdragen aan kostenreductie met deze businesscase waarschijnlijk niet realistisch zijn. Als het nodig is hier met betrokkenen een discussie over te voeren, dan is dit makkelijker voordat deze er een hoop tijd in hebben gestoken dan daarna.

Gebruikers in verschillende rollen

Een voorwaarde voor effectieve gebruikersparticipatie is dat betrokkenen een goed beeld hebben van hun rol in de projectorganisatie. Ook hier draait het om communicatie. Zie erop toe dat de seniorgebruiker hierin zijn verantwoordelijkheid neemt.

> **Kick-off meeting**
>
> Wanneer een groot aantal gebruikersvertegenwoordigers wordt ingezet als reviewer of acceptant van producten, dan kan de seniorgebruiker specifiek voor deze groep een kick-off meeting (startbijeenkomst) beleggen, om de rol van deze gebruikersvertegenwoordigers toe te lichten. Uiteraard licht hij hier de businesscase toe als kader waarbinnen gebruikersinbreng zinvol is. Over de specifieke rol van de gebruikersvertegenwoordigers zou de boodschap kunnen zijn:
> - Accepteer de aansturing van de projectmanager of teammanager voor zover deze betrekking heeft op de planning en het proces ('We hebben een krappe planning, zou je morgenochtend vroeg aan een reviewbijeenkomst kunnen deelnemen?').
> - Accepteer *geen* aansturing van de projectmanager of teammanager wanneer het gaat om kwaliteit ('We hebben een krappe planning, zou je dit product nu willen goedkeuren?').
> - Ik ben jullie vertegenwoordiger in de stuurgroep en bij verschil van mening over kwaliteitsaspecten wil ik graag dat je me rechtstreeks informeert.
>
> Zorg dat iedereen het verschil begrijpt tussen het afkeuren van een *product* (omdat het niet voldoet aan de productbeschrijving) en het indienen van een wijzigingsvoorstel (om ook een *productbeschrijving* te veranderen).
>
> Wanneer ook de projectmanager bij deze bijeenkomst wordt uitgenodigd, dan is de rol van de gebruikersvertegenwoordigers voor iedereen duidelijk.

Alternatieven voor stuurgroepdeelname

Vanwege de slagvaardigheid is het wenselijk het aantal stuurgroepleden te beperken. In plaats van de gebruikersvertegenwoordiging in de stuurgroep uit te breiden, zijn er andere manieren om de gebruikersinvloed te versterken.

5. Sturen op kwaliteit

Hoe kunnen gebruikers invloed uitoefenen op *specificaties*?	• Laat gebruikers deelnemen in of sturing geven aan werkgroepen waarin specificaties worden ontwikkeld. • Enquêteer gebruikers over hun wensen. • Laat een prototype maken waar gebruikers commentaar op kunnen leveren. • Organiseer brainstormsessies met gebruikersgroepen. • Laat gebruikers samen met specialisten opeenvolgende versies van een ontwerp ontwikkelen. • Integreer gebruikers en specialisten in één team, dat zich bezighoudt met specificatie, ontwerp en bouw (IT-wereld, bijvoorbeeld de Scrum-methodiek).
Hoe kunnen gebruikers invloed uitoefenen op de *besluitvorming*?	• Neem de juiste seniorgebruiker op in de stuurgroep en zie toe op effectieve communicatie met de achterban. • Laat de seniorgebruiker reguliere overlegvormen zoals management meetings en werkoverleg gebruiken om input te verzamelen. • Verenig gebruikersvertegenwoordigers in een gebruikersraad, onder voorzitterschap van de seniorgebruiker. Deze gebruikersraad ondersteunt de seniorgebruiker met inhoudelijk advies. • Delegeer besluitvorming over details aan een team op uitvoerend niveau waarin gebruikers rechtstreeks participeren.
Hoe kunnen gebruikers de *kwaliteit* van producten controleren?	• Laat gebruikers deelnemen aan reviewteams die toetsen of producten aan de kwaliteitseisen voldoen. • Laat een pilot uitvoeren waarbij een groep gebruikers een product voorlopig in gebruik neemt. • En uiteraard: laat gebruikers een acceptatietest op het uiteindelijke product uitvoeren.

Prettiger en soepeler

'Bij de uitvoering van onderhouds- en verbeteringsplannen aan onze woningen gaan we tegenwoordig wel anders te werk dan vroeger. Vroeger was het meer eenrichtingsverkeer, wij maakten de plannen en de bewoners hadden die in feite maar te accepteren. Dat leidde soms tot heftige conflicten.

Tegenwoordig zorgen we dat we vanaf het eerste idee met een bewonersvertegenwoordiging om de tafel zitten. We beginnen dan ook meteen met intensieve communicatie naar alle betrokken bewoners. Doordat ze betrokken zijn bij de keuzes die gemaakt worden, hebben de bewoners veel meer begrip voor de overlast die het werk met zich meebrengt en voor een eventuele huurverhoging. Het komt er eigenlijk op neer dat we bewoners als klanten zijn gaan beschouwen en serieus nemen. Dit soort processen loopt daardoor tegenwoordig een stuk prettiger en soepeler.'

6 Omgaan met onzekerheden

Alle projecten kennen onzekerheden en bijna alle projecten krijgen te maken met wijzigingen. En soms zijn bij aanvang van een project de specificaties van het te leveren resultaat nog zeer onduidelijk. Hoe kun je hier nu goed mee omgaan? Daarover gaat dit hoofdstuk.

■ 6.1 HOE ZORG IK DAT RISICO'S GOED BEHEERST WORDEN?

Een risico is iets dat in de toekomst zou kunnen gebeuren en dat, als het gebeurt, impact heeft op het bereiken van het beoogde businessresultaat van het project. Het is goud waard als je hierop zou kunnen anticiperen. Dit is waar risicoanalyse op gericht is. Er zijn in hoofdzaak twee manieren om risico's te analyseren: bottom-up en top-down.

Bottom-up
Bottom-up wil zeggen: vanuit de belanghebbenden inventariseren welke risico's men ziet. Brainstormsessies en interviews zijn veelgebruikte middelen. Essentieel is dat dit geen activiteit van het projectteam alleen is, maar dat alle categorieën belanghebbenden (opdrachtgever, gebruikers, leveranciers, adviseurs) betrokken zijn. Iedere belanghebbende heeft immers zijn eigen belangen en eigen blinde vlekken. Alleen door samen te werken kunnen zij elkaars blinde vlekken wegnemen.

Draagvlak
Laat risicoanalyse geen technische exercitie worden. Waar het om gaat is dat 'een groep mensen die samen iets spannends gaat ondernemen openlijk elkaars zorgen bespreekt'. Dat is een fundament voor succesvolle samenwerking. De kracht van de bottom-up benadering zit in het maatwerk maar ook in teambuilding, commitment en draagvlak voor de te nemen risicomaatregelen.

Top-down

De top-downbenadering vertrekt vanuit checklists, ervaringsgegevens over projecten of standaard risicoprofielen voor bepaalde categorieën van projecten. Ervaringen uit eerdere projecten worden systematisch gebruikt om risico's van volgende projecten in kaart te brengen. Hiermee checkt de projectmanager of er in het bottom-upproces geen zaken vergeten zijn.

Profijt van fouten
De top-downbenadering trekt optimaal profijt van fouten die in je eigen organisatie en elders al gemaakt zijn.

Een goede risicoanalyse is gebaseerd op beide benaderingen – top-down en bottom-up. Zie erop toe dat geformuleerde maatregelen worden opgenomen in het projectplan dan wel het plan voor de betreffende fase.

Wie is verantwoordelijk voor risicomanagement?

Als opdrachtgever ben je uiteindelijk verantwoordelijk voor de kwaliteit van het risicomanagement. Welke zaken kun je nu delegeren?

Uiteraard laat je het organiseren van het risicomanagement over aan de projectmanager. Hij moet in samenwerking met belanghebbenden zorgen voor risicoanalyse en het voorstellen van maatregelen. De aanpak die hij voorstelt, legt hij (als onderdeel van de projectinitiatiedocumentatie) ter goedkeuring voor aan de stuurgroep. Een vast onderdeel van zo'n aanpak is het bijhouden van de actuele status van risico's in een risicoregister. Je kunt een projectborgingsrol benoemen om toezicht te houden op de uitvoering van de afgesproken risicomanagementaanpak.

Check dat per risico twee verantwoordelijkheden benoemd zijn:
- De risico-eigenaar, dat wil zeggen degene die het optreden van het risico het best in de gaten kan houden en die verantwoordelijk is om dit, indien nodig, zo snel mogelijk te signaleren en maatregelen in gang te zetten.
- De risico-actiehouder(s), dat wil zeggen degene(n) die de bij het risico vastgestelde maatregelen moet(en) uitvoeren.

> **Stimulans**
> 'Laatst had ik voor het eerst een project waar – geheel volgens het boekje – per risico de eigenaar werd benoemd. Ik was zelf eigenaar van twee risico's en moet bekennen dat dat niet direct prettig voelde. Maar ik geef meteen toe dat dit stimuleert om je hier verantwoordelijk voor te voelen. Risico's zijn ineens niet meer anoniem.'

In de stuurgroep spreek je de seniorgebruiker aan op het identificeren van gebruikersrisico's en de seniorleverancier op het identificeren van leveranciersrisico's, en spreek je alle leden aan op hun verantwoordelijkheden als risico-eigenaren.

Besluitvorming door de stuurgroep

De stuurgroep geeft aan het einde van de initiatiefase goedkeuring aan de risicomanagementaanpak en het risicoregister (met de op dat moment geïdentificeerde risico's en bijbehorende maatregelen). Voor beide geldt dat de projectmanager bij latere faseovergangen en naar aanleiding van issues relevante wijzigingen ter goedkeuring aan de stuurgroep moet voorleggen.

De stuurgroep baseert haar besluiten over voortgang van het project steeds op een actueel inzicht in de businesscase en de risico's.

Bedreigingen en kansen
Overigens kan het benutten van kansen (positieve risico's) net zo belangrijk zijn als het tegengaan van bedreigingen (negatieve risico's). Risicomanagement moet dus op beide gericht zijn.

> **Gemiste kans**
> 'Het team had uitstekend gewerkt. De ontwerpfase werd drie weken vroeger dan gepland afgesloten met een door alle belanghebbenden geaccepteerd resultaat. Helaas moesten we toen drie weken wachten, omdat de mensen die we voor de bouw nodig hadden niet eerder beschikbaar konden worden gemaakt. Zo ging onze tijdwinst meteen weer verloren, wat des te erger was omdat het project als geheel een zeer krappe planning had. Als deze kans vooraf was benoemd, dan hadden we maatregelen kunnen nemen om er voordeel van te hebben.'

■ 6.2 HOE HOUD IK EEN PROJECT BEHEERSBAAR BIJ WIJZIGINGEN IN DE SPECIFICATIES?

Het doel van wijzigingsmanagement is niet om wijzigingen zo veel mogelijk te voorkomen. In een dynamische wereld zijn wijzigingen eerder regel dan uitzondering, en het doel van wijzigingsmanagement is om alleen die wijzigingen door te voeren die zijn goedgekeurd door het daartoe bevoegde managementniveau. Zulke wijzigingen zijn een teken dat men er door gegroeid inzicht in slaagt de specificaties beter te laten aansluiten op de organisatiedoelstellingen.

Bevoegdheden
De basis voor effectieve en efficiënte besluitvorming over wijzigingen is:
- Een duidelijke baseline, dat wil zeggen dat vastligt wat de goedgekeurde versie van een specificatie of product is.
- Duidelijke bevoegdheden per managementniveau met betrekking tot wijzigingen van deze baseline.

De stuurgroep kan de bevoegdheid om wijzigingen goed te keuren geheel zelf houden. Verwacht je veel wijzigingen, bespreek dan niet alle kleine wijzigingen in de stuurgroep. Benoem een persoon of commissie die namens de stuurgroep wijzigingen goedkeurt binnen bepaalde budgettaire grenzen per wijziging en/of per fase (een benaming voor deze rol is: wijzigingsautoriteit). De betreffende persoon, of de voorzitter van de commissie, kan een lid van de stuurgroep zijn, bijvoorbeeld de seniorgebruiker. Ook de projectmanager kan deze rol vervullen. Bij deze bevoegdheid hoort in ieder geval een budget voor de goed te keuren wijzigingen: het wijzigingsbudget. De projectmanager houdt de status van alle wijzigingen, dus ook de resultaten van de besluitvorming hierover, bij in het issuelogboek. Relevante wijzigingen in het issuelogboek neemt hij op in zijn voortgangsrapportage.

Besluitvorming door de stuurgroep
De te volgen aanpak voor het omgaan met wijzigingen en versiebeheer (configuratiemanagement) legt de projectmanager ter vaststelling voor aan de stuurgroep als onderdeel van de projectinitiatiedocumentatie.

Als de stuurgroep op eigen initiatief tot een wijziging wil komen, is het riskant om dit besluit zo maar te nemen, omdat er dan geen impactanalyse heeft plaatsgevonden. Geef in zo'n geval de projectmanager opdracht om dit besluit voor te bereiden en als wijzigingsvoorstel aan de stuurgroep voor te leggen.

Naar aanleiding van een wijzigingsvoorstel kan de stuurgroep deze wijziging goed- of afkeuren, of vaststellen dat de businesscase van verdere voortzetting van het project negatief is en besluiten het project af te sluiten.

■ 6.3 HOE RICHT IK DE BESTURING IN ALS IK BIJ DE START NIET WEET WAT DE SPECIFICATIES ZIJN?

Hoe moet je de projectbesturing inrichten voor een project als je vooraf niet eens bij benadering weet wat voor eindproduct het gaat opleveren? Bijvoorbeeld bij een researchproject waarbij je pas aan het einde van een fase weet of het zinvol is een volgende fase in te gaan en hoe die volgende fase eruit moet zien?

Projectbudget is normatief

In de businesscase beschrijf je de redenen waarom je het onderzoek doet, de budgettaire grenzen en de gewenste baten van eventuele uitkomsten. De omschrijving van het te leveren eindproduct geeft geen specificaties, maar globale eisen waaraan het product moet voldoen of – nog abstracter – welk type baten het voor welke doelgroep realiseerbaar zou moeten maken. Het budget is vooral normatief: het geeft aan 'wat we gezien de businesscase willen besteden dan wel ons kunnen veroorloven'. In het projectplan speelt de verdeling in managementfasen een belangrijke rol: dit geeft aan hoe je stapsgewijs gaat besluiten over verdere investeringen in het project.

Besturing per fase

Per fase laat je de projectmanager een concreet voorstel doen voor de volgende fase: welke researchactiviteiten gaat hij uitvoeren en welke middelen zijn daarvoor nodig. De producten van zo'n fase kunnen fysiek zijn – bijvoorbeeld een prototype – maar ook literatuuroverzichten, onderzoeksresultaten, meetgegevens of adviezen.

Aan het einde van een fase, wanneer bekend is wat deze fase heeft opgeleverd, verwerkt de projectmanager deze inzichten samen met belanghebbenden tot een aangepaste versie van het projectplan en maakt hij een plan voor de volgende fase met de daarin op te leveren producten. Bij zo'n faseovergang houdt de stuurgroep een strategische review van het project. Daarin spiegelt de stuurgroep de gewenste investeringen aan het actuele beeld van de businesscase. Op basis daarvan geef je budget vrij voor de volgende fase.

> **Niet alles is te plannen...**
> Een producent van wafersteppers (machines voor de fabricage van halfgeleiders ofwel chips, een door technologische ontwikkelingen zeer snel veranderende markt) ontwikkelt steeds nieuwe (versies van) machines op basis van globale specificaties. Van het te leveren eindproduct staat één ding vast: het moet voldoen aan de eisen van een bepaalde klant of groep klanten en het moet op een bepaald tijdstip klaar zijn. Tijdens de ontwikkeling worden deze eisen vaak nog in overleg met de klant(en) aangepast aan nieuwe technologische mogelijkheden.

Verschillende deelprojectleiders (teamleiders) werken ieder met een eigen team van engineers samen aan dezelfde machine. Hardware en software worden tegelijk ontwikkeld. Soms worden problemen in de hardware opgelost door de specificaties van de software aan te passen en andersom. Afzonderlijke taken kunnen pas kort tevoren in detail gepland worden en teamleiders die aan dezelfde machine werken, stemmen in directe interactie hun activiteiten op elkaar af.

Een fasering op basis van vooraf gedefinieerde producten is niet mogelijk: in plaats daarvan wordt de voortgang getoetst in maandelijkse bijeenkomsten. De teamleiders leggen dan verantwoording af aan de product development manager en de product marketing manager. Daar overleggen zij over de manier waarop de deelprojecten in elkaar grijpen, hoe ze bottlenecks kunnen oplossen, of ze specificaties moeten aanpassen. Daar worden ook besluiten genomen over het al dan niet voortzetten van de verschillende deelprojecten.

Toleranties

Bij een onzeker eindproduct kun je om houvast te bieden tijd en budget als gegeven beschouwen, dat wil zeggen: de projectmanager moet in een gegeven hoeveelheid tijd en tegen gegeven kosten zo ver mogelijk zien te komen. Als tolerantiegrenzen bij een dergelijke aanpak kun je denken aan een tolerantie in functionaliteit, op basis van het MoSCoW-principe: *Must have, Should have, Could have* en *Won't have for now*. Dit betekent dat de projectmanager direct alarm moet slaan wanneer hij voorziet dat een fase de '*Must have's*' niet gaat opleveren.

Aanspreekbaarheid
Gezien de onzekerheden van een dergelijk project kan er behoefte zijn aan frequente afstemming tussen opdrachtgever en projectmanager. Directe aanspreekbaarheid is dan belangrijk. Als je die niet zelf kunt bieden, kun je dit delegeren aan een ander stuurgroeplid.

7 Beoordeling van documenten

Als opdrachtgever of stuurgroeplid krijg je tal van documenten onder ogen als basis voor je beslissingen. In een veelheid aan informatie is het vaak moeilijk om de essentie te ontdekken. Dit hoofdstuk helpt je om op een efficiënte manier kritisch te kijken naar de drie belangrijkste typen documenten:
1 De businesscase, ofwel het antwoord op de vraag 'waarom doen we dit project' en het referentiekader voor alle besluitvorming.
2 Een plan (dit kan een projectplan of een faseplan zijn), ofwel het antwoord op de vraag: wat gaan we precies opleveren, hoe, wanneer en tegen welke kosten.
3 Een voortgangsrapportage (hoofdpuntenrapport, maandrapportage, *highlight report*), ofwel het antwoord op de vraag: hoe gaat het in de werkelijkheid, in vergelijking met het plan.

Hieronder vind je voor elk van deze drie documenten een checklist voor toetsing door een stuurgroeplid. Beoordeel zelf welke controlevragen voor een specifiek project relevant zijn. Voorafgaand aan de toetsing door stuurgroepleden kan een onafhankelijke beoordeling door een auditor (in een projectborgingsrol) zinvol zijn.

7.1 HOE BEOORDEEL IK DE KWALITEIT VAN DE BUSINESSCASE?

De businesscase beschrijft de zakelijke rechtvaardiging van een project. Een goede businesscase is geschikt:
- om de investeringsbeslissing te onderbouwen;
- om het belang van het project aan belanghebbenden uit te dragen;
- als basis om de verantwoordelijkheden voor batenrealisatie te beleggen;
- als referentiekader voor beslissingen over voortgang en wijzigingen;
- als basis voor de evaluatie van het succes van het project.

Controlevragen

Hieronder is een aantal controlevragen voor de toetsing van de businesscase opgenomen.

Redenen	• Is de relatie tussen het projectdoel en de bedrijfsdoelstellingen duidelijk, zodat alle betrokkenen begrijpen wat het belang van het project voor de organisatie is? • Is het antwoord op de waaromvraag kort en krachtig samengevat, op een manier die je eenduidig en krachtig kunt communiceren ('oneliner')?
Opties	• Zijn er verschillende opties afgewogen en is er een bewuste keuze gemaakt? Er zijn altijd minstens twee opties: 'iets doen' en 'niets doen'.
Beoogde baten	• Zijn de baten meetbaar? • Zijn ook negatieve baten (ongewenste neveneffecten) in de afweging betrokken? • Zijn de baten getoetst door deskundige personen die geen belang bij het project hebben? • Is het duidelijk wie er verantwoordelijkheid nemen voor de realisatie van de baten?
Tijdschaal	• Zijn de kritieke opleverdata van het project duidelijk? • Is het duidelijk waarom deze data belangrijk zijn? Een gewenste opleverdatum is iets anders dan een noodzakelijke opleverdatum. Eén dag later opleveren heeft soms beperkte gevolgen, maar kan ook betekenen dat een organisatie ernstige problemen krijgt.

Kosten	• Zijn alle soorten kosten meegenomen? Denk aan:
	   ○ directe projectkosten zoals inkoop-, ontwikkel-, omstel- en invoeringskosten;
	   ○ omzetderving tijdens uitvoering van het project;
	   ○ gebruikskosten zoals licentie-, onderhouds- en beheerkosten.
	• Zijn alle leveranciers al gecommitteerd middels prijsopgaven of offertes, of moeten er nog kosten worden overeengekomen?

Risico's	• Zijn de belangrijkste risico's op een realistische wijze benoemd? Het gaat hier niet om een volledige risicoanalyse, maar om inzicht in de belangrijkste risico's die de realisatie van de businesscase bedreigen. • Zijn de verschillende belanghebbenden (opdrachtgever, gebruikers, leveranciers, uitvoerenden en ook tegenstanders van het project) betrokken bij het identificeren van risico's? • Zijn kans en impact van ieder risico realistisch beoordeeld? • Zijn de risico's getoetst door diegenen in de organisatie die verantwoordelijk zijn voor risicomanagement?
Beoordeling van de investering	• Is – al het bovenstaande in ogenschouw genomen – een beoordeling gemaakt van de waarde van het project op basis van de in de organisatie geldende afspraken voor investeringsanalyse? • Is de investeringsanalyse getoetst door diegenen in de organisatie die verantwoordelijk zijn voor de beoordeling van investeringen?

Een meer uitgebreide checklist voor businesscaseontwikkeling vind je in *Waarom doen we dit eigenlijk? De businesscase als succesfactor voor projecten* (Van der Molen, 2013-2).

■ 7.2 HOE BEOORDEEL IK DE KWALITEIT VAN EEN PLAN?

Een plan beschrijft de afspraak met de projectmanager over wat hij gaat opleveren, met welke kwaliteitseisen, wanneer en tegen welke kosten. Het moet geschikt zijn:

- om commitment van de gebruiker(s) te verzekeren (willen zij de producten gebruiken voor het doel waarvoor ze gemaakt worden, en waar nodig bijdragen aan de ontwikkeling ervan?);
- om commitment van de leverancier(s) te verzekeren (willen zij deze producten tegen deze voorwaarden leveren?);
- om de businesscase te onderbouwen (kunnen we met deze producten de baten realiseren?);
- als maatstaf om tijdens de uitvoering de voortgang aan af te meten;
- en als referentiepunt om de impact van wijzigingsvoorstellen te beoordelen.

De relevante plannen voor een stuurgroep zijn het projectplan en faseplannen. In hoofdlijnen hebben deze dezelfde opzet. Een projectplan is onderdeel van de projectinitiatiedocumentatie en geeft een globale planning, een raming van de totale kosten en de verdeling in managementfasen. Een faseplan wordt kort voor aanvang van een volgende fase gemaakt en benoemt de exacte producten, de in te zetten resources en de uit te voeren kwaliteitscontroles. In een eenvoudig project met slechts één uitvoerende fase is er maar één plan: het projectplan.

Controlevragen
Hieronder is een aantal controlevragen voor de toetsing van een plan opgenomen.

Randvoorwaarden	• Is duidelijk welke randvoorwaarden noodzakelijk zijn voor realisatie van het plan en ben je als opdrachtgever in staat deze randvoorwaarden te vervullen?
Aannames	• Is het duidelijk op welke aannames (bijvoorbeeld gehanteerde uurtarieven of aantal weken vorstverlet) het plan gebaseerd is en zijn deze realistisch?

Raakvlakken en afhankelijkheden	• Wanneer er 'raakvlakken met andere projecten' worden benoemd: is het duidelijk of ons project afhankelijk is van een ander project (dat betekent een voortgangsrisico) of dat een ander project afhankelijk is van ons project (dat betekent tijdsdruk)? • Is het bij 'afhankelijkheden' duidelijk of het gaat om resourceafhankelijkheden (ons project heeft dezelfde resources nodig als een ander project) of productafhankelijkheden (ons project kan pas verder als een ander project een bepaald product heeft geleverd, zie verder bij 'Externe producten')?
Producten	• Wat is er klaar als het klaar is: is het op te leveren resultaat van het project eenduidig beschreven als product? • Zijn tussenresultaten beschreven als producten? • Is de onderverdeling in tussenproducten fijnmazig genoeg om de voortgang betrouwbaar te kunnen vergelijken met de planning (iedere productoplevering is een objectief meetpunt)? • Zijn productbeschrijvingen in voldoende mate uitgewerkt zodat belanghebbenden zich hieraan kunnen committeren? • Is van producten duidelijk wie de eigenaar wordt? • Is de seniorgebruiker bereid te borgen dat de beschreven producten in gebruik worden genomen? • Is de seniorleverancier bereid te borgen dat de beschreven producten worden geleverd?

Externe producten[16]	• Zijn alle externe producten benoemd?
	Pas op: niet alle projectmanagers zijn hier even zorgvuldig in. Externe producten zitten soms verstopt in een plan, met name in de paragrafen:
	  – 'Uitgangspunten' (bijvoorbeeld het uitgangspunt dat X aanwezig is);
	  – 'Randvoorwaarden' (bijvoorbeeld de randvoorwaarde dat X aanwezig is);
	  – 'Aannames' (bijvoorbeeld de aanname dat X aanwezig is);
	  – 'Raakvlakken' (bijvoorbeeld een raakvlak met een project dat X moet opleveren);
	  – 'Out of scope' (bijvoorbeeld: het leveren van X is out of scope).
	In elk van deze gevallen kan X een extern product zijn dat thuishoort in het overzicht van producten.
	• Is het duidelijk welke (interne) producten afhankelijk zijn van deze externe producten?
	• Is bij elk extern product bekend wie het moet leveren en wanneer het uiterlijk beschikbaar moet zijn?

Planning	• Is de planning consistent met de verzameling producten, dat wil zeggen: zijn alle mijlpalen en andere planningsitems verbonden met één van de producten en zijn alle producten in de planning opgenomen? • Bevat de planning uitlooptijd (slack)? • Is er ruimte om eventueel afgekeurde producten te herstellen? • Is duidelijk welke mensen en middelen de organisatie beschikbaar moet maken en wanneer? • Is de planning onafhankelijk getoetst?

7. Beoordeling van documenten

Begroting	• Is de begroting consistent met de verzameling producten, dat wil zeggen: zijn alle begrotingsitems verbonden met één van de producten en zijn alle producten in de begroting opgenomen? De enige uitzondering zijn overheadposten voor zaken als projectmanagement, projectondersteuning en faciliteiten: die staan wel in de begroting, maar hoeven niet aan producten verbonden te zijn. • Is er een realistische post onvoorzien? • Is er een wijzigingsbudget? • Is de begroting onafhankelijk getoetst?
Kwaliteit en kwaliteitscontrole	• Zijn de kwaliteitseisen meetbaar en aan de producten gekoppeld? • In een faseplan (of als er geen faseplannen zijn: in het projectplan): zijn er kwaliteitscontroles gepland en is duidelijk wie deze uitvoert?
Bij een projectplan: managementfasen	• Is er een indeling in managementfasen? • Zijn de faseovergangen gepland op momenten dat de stuurgroep relevante voortgangsbesluiten wil nemen? • Zijn de faseovergangen gekoppeld aan de oplevering van businessproducten, waardoor de stuurgroep een betrouwbaar beeld van de voortgang kan krijgen?
Toleranties	• Zijn de toleranties per fase aangegeven? • Zijn deze afgestemd op de businesscase en de risico's?
Samenhang met de businesscase	• Maken de beschreven producten het mogelijk de beoogde baten uit de businesscase te realiseren? • Zijn de begroting en de planning in overeenstemming met de actuele versie van de businesscase?

■ 7.3 HOE BEOORDEEL IK DE KWALITEIT VAN EEN VOORTGANGSRAPPORTAGE?

Een voortgangsrapportage is de periodieke informatie van de projectmanager aan de stuurgroep om te laten weten hoe het gaat in vergelijking met het actuele plan. In veel organisaties geldt voor voortgangsrapportages een standaard opbouw en een standaard frequentie, bijvoorbeeld maandelijks. Check of deze passend zijn voor (iedere fase van) je eigen project.

Als de projectmanager gedurende de afgelopen rapportageperiode geen uitzonderingen heeft gemeld, dan moet hij met zijn voortgangsrapportage onderbouwen dat hij – met inachtneming van door de stuurgroep geaccepteerde risico's – de resultaten van de lopende fase binnen de afgesproken toleranties gaat leveren.

Ze hadden een efficiënte manier gevonden om voortgang te rapporteren...

Controlevragen

Hieronder staat een aantal controlevragen voor de toetsing van een voortgangsrapportage.

Opbouw	• Is de opbouw van de voortgangsrapportage conform bedrijfsstandaard c.q. afspraak? • Is de rapportageperiode aangegeven?
Planning	• Is er een objectieve basis voor voortgangsmeting, dat wil zeggen: is het duidelijk welke producten gereed zijn, wanneer deze gereed waren en wanneer deze volgens de planning gereed hadden moeten zijn? • Is van onderhanden werk, dat wil zeggen van producten waar al aan gewerkt is maar die nog niet klaar zijn, een schatting gemaakt van de verwachte opleverdata en zijn deze vergeleken met de geplande opleverdata uit het actuele plan? • Zijn de producten waarop de voortgangsmeting is gebaseerd, dezelfde als in de planning? • Is de impact van alle planningsafwijkingen samen vertaald in impact op de uiteindelijke opleverdatum van de fase c.q. het project?

7. Beoordeling van documenten

Budget	• Is er een objectieve basis voor meting van de financiële realisatie, dat wil zeggen: is van de gerede producten duidelijk wat deze gekost hebben en wat deze volgens het budget hadden moeten kosten? • Is van onderhanden werk een schatting gemaakt van de uiteindelijk verwachte kosten, en zijn deze vergeleken met de gebudgetteerde kosten van deze producten uit het actuele budget? • Zijn de producten waaraan de financiële rapportage refereert, dezelfde als in de planning en het budget?
Kwaliteit	• Zijn de gereedmeldingen in bovenstaande rapportages ten opzichte van planning en budget onderbouwd door de inhoud van het kwaliteitslogboek (waar zichtbaar is welke kwaliteitscontroles hebben plaatsgevonden)?
Issues	• Is van issues (inclusief wijzigingsverzoeken) duidelijk wat de impact is op de beheersaspecten van het project: tijd, kosten, kwaliteit, scope, baten en risico's?
Risico's	• Is het verschil tussen issues en risico's duidelijk (issues zijn een feit en liggen in het verleden, risico's zijn een mogelijkheid en liggen in de toekomst)? • Is van risico's duidelijk wat de mogelijke impact is in termen van de overige beheersaspecten van het project?
Forecast ten opzichte van toleranties	• Is expliciet vermeld of het project nog binnen toleranties is? • Als de voortgangsrapportage een afwijking buiten tolerantie vermeldt: is deze al eerder gemeld in een afwijkingsrapport?
Betrouwbaarheid	• Zijn de gegevens waarop de voortgangsrapportage is gebaseerd onafhankelijk getoetst, dat wil zeggen onderworpen aan projectborging?

> **Te mooi...**
> 'Wees op je hoede bij glossy voortgangsrapportages. Wanneer de vormgeving al te mooi is, durft niemand de kwaliteit van de inhoud nog ter discussie te stellen.'

Noten bij Hoofdstuk 7

[16] Een extern product is een product dat buiten de scope van het project valt, maar dat noodzakelijk is om één of meer van de producten binnen de scope van het project te leveren. Een extern product kan bijvoorbeeld geleverd worden door een ander project of de lijnorganisatie.

8 Waarom eindigen projecten meestal boven budget en wat doe ik daartegen?

De praktijk leert dat projecten vaker boven dan beneden budget eindigen, zelfs wanneer hier bij het opstellen van de begroting rekening mee werd gehouden. Dit hoofdstuk benoemt een aantal structurele oorzaken van budgetoverschrijdingen en wat je daar als opdrachtgever tegen kunt doen. Beoordeel zelf welke maatregelen voor een specifiek project relevant zijn.

De eerste oorzaak is algemeen van aard wanneer mensen iets graag willen:
1. Structureel optimisme.

Er zijn verschillende oorzaken waardoor tijdens de uitvoering de omvang van een project toeneemt of de afbakening verschuift (scope creep[17]):
2. Voortschrijdend inzicht van gebruikers.
3. Eenzijdige invloed van specialisten.
4. Dynamiek in de projectomgeving.
5. Onvoldoende projectbeheersing.

Ook als de afbakening van een project onder controle is, kan het nog mis gaan. De uitvoering valt tegen in verhouding tot het plan door:
6. Blinde vlekken in het plan.
7. De wet van Parkinson.

Ten slotte zijn er nog twee specifieke oorzaken van budgetoverschrijdingen:
8. Vertraging in de besluitvorming.
9. Prijsopdrijving door een leverancier.

8.1 STRUCTUREEL OPTIMISME

Uit psychologisch onderzoek blijkt dat het voor mensen buitengewoon moeilijk is om rationele beslissingen te nemen. Zo laat *Ons feilbare denken* (Kahnemann, 2011) zien dat we geneigd zijn om feiten die onze vooronderstellingen bevestigen als relevanter te zien dan andere feiten, en om overmatig vertrouwen te hebben in onze inschattingen, zelfs wanneer de feiten steeds opnieuw het tegendeel laten zien.

Maar het gaat niet alleen om menselijk falen maar ook om belangen. Wanneer mensen een project graag willen, dan hebben zij daarvoor de steun van anderen nodig. Om deze steun te verwerven, hebben zij argumenten nodig. Deze voorstanders van een project hebben dus belang bij een zo positief mogelijke businesscase en versterken elkaars positieve inschattingen. Mensen die risico's zien, worden dan al gauw als dwarsliggers ervaren. Het resultaat is overschatting van de baten en onderschatting van de risico's, de kosten en de benodigde tijd.

Een uitgebreid overzicht van factoren die leiden tot structurele overschatting van de baten van een project vind je in *Managing Benefits* (Jenner, 2013).

> **Grote belangen**
> Vooral bij grote infrastructuurprojecten in de publieke sector staan grote belangen op het spel bij het creëren van maatschappelijk en politiek draagvlak. Dit leidt tot wat Bent Flyvbjerg in zijn onderzoek naar infrastructurele megaprojecten 'optimism bias' noemt: systematische overschatting van te verwachten vervoersbehoeften en systematische onderschatting van de risico's (Flyvbjerg, 2003). Ook opdrachtgevers zelf zijn onderdeel van dit spel zodra zij zich hebben geïdentificeerd met een positief besluit. Beginnen met een te optimistische schatting en tijdens de uitvoering stap voor stap meer middelen loskrijgen, is soms zelfs een bewuste aanpak om een project 'erdoorheen' te krijgen.
> De tip om de businesscase onafhankelijk te laten toetsen zal dan waarschijnlijk aan dovemansoren gericht zijn.

Structureel optimisme is waarschijnlijk de moeilijkst weg te nemen oorzaak van kostenoverschrijdingen. Lees in ieder geval een boek zoals *Ons feilbare denken* om te komen tot meer inzicht in de manier waarop wij als mensen ons oordeel vormen.

Als je werkelijk een realistische businesscase wil (áls je dat wil…), laat deze dan toetsen door specialisten die geen belang hebben bij het project. Laat ook argumenten aandragen door tegenstanders van het project. Laat met name kritisch kijken naar de aannames die ten grondslag liggen aan de verwachte baten, en ga ook na of mogelijke negatieve baten en risico's over het hoofd worden gezien.

■ 8.2 VOORTSCHRIJDEND INZICHT VAN GEBRUIKERS

Voor gebruikers kan het moeilijk zijn vooraf een goed beeld te krijgen van het eindresultaat en wat dat voor hen kan betekenen. Tijdens de uitvoering van het project krijgen zij dan meer inzicht in hun eigen behoeften en de mogelijkheden om daaraan tegemoet te komen. Afhankelijk van de aard van een project kan het onvermijdelijk of zinvol zijn dat dit gebeurt. Soms komen er nieuwe wensen boven water onder het motto: 'als we toch bezig zijn, laten we dan meteen ...'. Om te zorgen dat dit niet in onbestuurbaarheid ontaardt, zijn vooral preventieve maatregelen van belang.

- Hoewel voortschrijdend inzicht van gebruikers een veelvoorkomende oorzaak van budgetoverschrijdingen is, wordt deze in risicoanalyses veelal niet benoemd. Benoem dit als risico en stel maatregelen vast. Deze maatregelen kunnen variëren van het inlassen van een prototyping-fase tot het instellen van een strakke procedure voor wijzigingsbeheer.
- Zorg ervoor dat belanghebbenden zo vroeg mogelijk bij het project betrokken worden, zodat hun denk- en leerproces zo snel mogelijk op gang komt.
- Zie erop toe dat de businesscase als referentiekader wordt gebruikt om afzonderlijke wijzigingsvoorstellen te toetsen.
- Laat geen gremia van uitsluitend gebruikers besluiten over wijzigingen nemen, tenzij binnen strikte randvoorwaarden. Zorg dat in de stuurgroep geen numeriek overwicht ontstaat van gebruikers. Bij een afweging tussen kosten en functionaliteit moet ook voor de kosten gekozen kunnen worden. Bij de afweging tussen tegenstrijdige functionele eisen van gebruikers moet vanuit het opdrachtgeversbelang ook een knoop doorgehakt kunnen worden, in plaats van het (soms kostbare) tevreden stellen van alle gebruikers.
- Overweeg specificaties te bevriezen en geen wijzigingsverzoeken in behandeling te nemen voordat het project klaar is.
- Beperk de omvang van projecten en vier het succes van ieder afzonderlijk succesvol afgerond project.
- Stel het budget vast en laat het niveau van uitvoering afhangen van wat binnen dit budget realiseerbaar is.

8.3 EENZIJDIGE INVLOED VAN SPECIALISTEN

Menig professional met 'hart voor de zaak' zal graag wat extra tijd besteden om gebruikers een nóg beter passende oplossing te kunnen bieden. Maximale gebruikerstevredenheid, dat is waar deze specialist zijn enthousiasme aan ontleent. Als variant op *scope creep* ontstaat iets dat men *quality creep* zou kunnen noemen. Deze sterke betrokkenheid van specialisten is vanuit de opdrachtgever gezien een verkeerd gerichte betrokkenheid. Het 'hart voor de zaak' is meer een 'hart voor de gebruiker' dan een 'hart voor de opdrachtgever'. Immers 'hart voor de opdrachtgever' zou leiden tot een andere balans tussen kosten en kwaliteit: tot een *optimale* gebruikerstevredenheid in plaats van een *maximale* gebruikerstevredenheid.

Deze focus van specialisten op gebruikersbelangen (of hun eigen interpretatie daarvan) is begrijpelijk: de specialist krijgt zijn directe waardering en afkeuring vaak eerder van de gebruiker dan van de opdrachtgever. Menig specialist is werkzaam in een project zonder de opdrachtgever ooit ontmoet te hebben.

- Het is in de eerste plaats de verantwoordelijkheid van de projectmanager om zijn specialisten in dit opzicht 'in het gareel' te houden. Toch kun je hier als opdrachtgever een belangrijke bijdrage aan leveren. Het – bijvoorbeeld op een kick-off meeting – rechtstreeks aan betrokkenen toelichten van de businesscase draagt ertoe bij dat de specialisten zich niet alleen met het gebruikersbelang identificeren, maar ook met het – wat verder van hen af liggende – opdrachtgeversbelang.
- Verlang een duidelijk kwaliteitsplan, waarin staat aan welke criteria de te leveren producten moeten voldoen en wie bevoegd is deze te toetsen. Laat audits uitvoeren om te borgen dat de projectmanager volgens het kwaliteitsplan werkt.

8.4 DYNAMIEK IN DE PROJECTOMGEVING

De projectomgeving verandert tijdens de uitvoering, bijvoorbeeld de markt, de technologie of de organisatie. Als gevolg hiervan moet de koers van het project worden bijgesteld. En of de omvang van het te leveren resultaat hierdoor nu groter of kleiner wordt: het oorspronkelijke plan is al voor een deel uitgevoerd, er is werk voor niets gedaan en de totale projectkosten nemen toe.

- Kies indien mogelijk liever voor een aantal kortdurende, overzichtelijke projecten dan voor een langlopend, complex project.
- Laat een aanpak kiezen die flexibiliteit toestaat. Bij een stedelijk ontwikkelingsproject kunnen de beslissingen over de verdeling tussen koop- en huurwoningen en over de inrichting en het afwerkingsniveau zo laat mogelijk genomen worden. Voor IT-projecten zijn er als alternatief voor een watervalaanpak (eerst alles ontwerpen, dan alles bouwen, dan alles invoeren) meer flexibele benaderingen (vaak *agile* genoemd).
- Risicomanagement kan de negatieve effecten van dynamiek beperken door preventieve en, indien nodig, correctieve of noodmaatregelen. Laat leden van de stuurgroep hier een bijdrage aan leveren. Immers, zij hebben meer dan anderen inzicht in de omgeving van het project en zij kunnen daarom een waardevolle inhoudelijke inbreng in de risicoanalyse hebben.
- Bij snel reageren is er minder werk voor niets gedaan, wat leidt tot minder planningsoverschrijding en lagere uitvoeringskosten. Het is daarom belangrijk dat ook de leden van de stuurgroep permanent nagaan of er veranderingen in de omgeving zijn die relevant kunnen zijn voor het project, opdat zij direct initiatief kunnen nemen wanneer zo'n verandering zich voordoet. Het toekennen van een eigenaar aan ieder risico is hiervoor essentieel.

8.5 ONVOLDOENDE PROJECTBEHEERSING

Ook als je alle eerdergenoemde maatregelen genomen hebt, zijn er onverwachte ontwikkelingen. Wanneer het aanpassen van de projectafbakening aan deze veranderingen een sluipend (niet controleerbaar) proces wordt, raakt de werkelijke afbakening steeds verder verwijderd van de afgesproken specificaties en van de businesscase. Een project wordt dan in toenemende mate onbeheersbaar. Het gaat erom dat deze veranderingen en hun effect op het project steeds zichtbaar zijn, zodat deze onderwerp kunnen zijn van bewuste besluitvorming.

- Laat bij start van het project een heldere baseline vaststellen: het geheel van planning, budget en randvoorwaarden dat voor de projectmanager dient als referentiekader voor rapportages. Laat de projectmanager de baseline per fase in detail uitwerken in een faseplan, uiteraard productgericht. Laat de projectmanager in iedere rapportage de realisatie vergelijken met deze baseline. Laat de projectmanager bij wijzigingsvoorstellen altijd rapporteren tot welke afwijkingen van de baseline deze zullen leiden.

- Delegeer een projectborgingsrol aan een medewerker die tussentijds – wanneer de stuurgroep niet bijeenkomt – toetst of de projectmanager de afgesproken wijzigingsprocedure hanteert, of rapportages correct zijn en of geboekte (tussen)resultaten aansluiten op de businesscase.

■ 8.6 BLINDE VLEKKEN IN HET PLAN

Een veelvoorkomende oorzaak van budgetoverschrijdingen is een zeer menselijke: in de planningsfase van een complex project zijn zaken eenvoudigweg over het hoofd gezien. Bijvoorbeeld omdat we impliciet aannemen dat zaken al aanwezig zijn terwijl dat niet zo is. De werkelijke projectomvang is daardoor groter dan verwacht en pas tijdens de uitvoering komt dit aan het licht.

- Het voorkómen van blinde vlekken in de schatting en planning is in de eerste plaats de verantwoordelijkheid van de projectmanager. Maar uiteindelijk ben je als opdrachtgever verantwoordelijk voor het plan. Om na te gaan of hij de hiertoe noodzakelijke maatregelen heeft genomen kun je de volgende controlevragen stellen:
  1. Heeft de seniorgebruiker getoetst of de op te leveren producten voor hem voldoende zijn om de beoogde baten te kunnen realiseren?
  2. Is het te leveren eindproduct nauwkeurig omschreven? Is omschreven aan welke criteria dit eindproduct moet voldoen en wie deze gaat toetsen? Geldt hetzelfde voor de deelproducten waaruit dit resultaat is opgebouwd? Zijn alle deelproducten gerelateerd aan het projectproduct en zijn alle activiteiten gerelateerd aan producten?
  3. Hoe is het plannen als proces aangepakt? Hebben al diegenen die een bijdrage aan het plan kunnen leveren deelgenomen? Bij het maken van schattingen en planningen is het lonend hetzelfde werk los van elkaar door meerdere personen te laten doen en de resultaten te vergelijken. Nadat betrokkenen elkaar hun verschillen hebben toegelicht en elkaars blinde vlekken hebben weggenomen, kunnen zij het proces herhalen. Planningsworkshops zijn een beproefd hulpmiddel om tot een betere kwaliteit planvorming te komen[18].
  4. Zijn de kostenschattingen van deelprojecten bevestigd door de teammanagers of leveranciers die de verantwoordelijkheid krijgen voor de uitvoering van deze deelprojecten?

5. Is de totaalschatting van de omvang vergeleken met eerder uitgevoerde vergelijkbare projecten? Tot welke conclusies heeft dit geleid?

In de praktijk kun je niet alle blinde vlekken wegnemen. Uiteindelijk worden deze vlekken veelal vertaald in een 'post onvoorzien' in de begroting.

- Stel geen ongespecificeerde 'post onvoorzien' ter beschikking, maar laat in een begroting aangeven uit welke onderdelen deze bestaat, zodat je de besteding kunt controleren:
  1. Calamiteitenbudget: opvang van eventuele calamiteiten.
  2. Wijzigingsbudget: verhogingen van kosten door gewijzigde eisen.
  3. Planonzekerheid: verkeerde schatting van omvang en blinde vlekken in het plan.
  4. Niet te plannen werk: bijvoorbeeld de kosten van het onderzoeken van de gevolgen van wijzigingsverzoeken (niet: het uitvoeren van de wijzigingen).

■ 8.7 WET VAN PARKINSON

Een van de oorzaken van budgetoverschrijdingen is inherent aan de manier waarop een projectplanning is opgebouwd en wordt uitgevoerd. Om te beginnen de opbouw van een planning. Het is onmogelijk om de omvang van een activiteit vooraf exact te bepalen. Soms is een schatting te ruim en soms te krap. Een goede totaalschatting van een project is dan ook een optelsom van te ruime en te krappe deelschattingen. Bij de uitvoering van de planning ontstaan daardoor problemen. Op de te ruim geschatte activiteiten is de bekende wet van Parkinson van toepassing: de geschatte tijd wordt, hoewel onnodig, geheel benut (Parkinson, 1958). Op de te krap geschatte activiteiten is helaas geen omgekeerd mechanisme van toepassing: de geschatte tijd wordt overschreden. En de optelsom van deze beide is een boven de planning uitgevoerd project.

> **Wet van Parkinson voor projecten**
> Men zou dit de wet van Parkinson voor projecten kunnen noemen: 'De som van te krap geschatte activiteiten en te ruim geschatte activiteiten is een te krap geschat project.'

Dit leidt tot de onprettige conclusie dat bijna alle projecten te krap gepland zijn en de praktijk bevestigt dit. Wanneer bijvoorbeeld in een organisatie uit ervaring blijkt dat projecten hun budget gemiddeld met twintig procent overschrijden en we calculeren daarom een volgend project bij voorbaat twintig procent hoger, dan hebben we nog steeds meer kans om boven budget te eindigen dan onder budget.

Natuurlijk zijn er technische maatregelen mogelijk om te zorgen dat de wet van Parkinson weinig kans krijgt: alle activiteiten bewust te krap plannen en op projectniveau relatief veel speelruimte houden om de overschrijdingen per activiteit op te vangen waar nodig (Goldratt, 1999). Het risico hiervan is dat betrokkenen dit snel doorkrijgen en de planningen gaan ervaren als een wassen neus. Dit komt de motivatie niet ten goede. De enige echte oplossing is dan ook om de wet van Parkinson te overwinnen. Om dit te bereiken is het noodzakelijk om de prikkels weg te nemen die ertoe leiden dat mensen beschikbare tijd automatisch opvullen.

- Alle betrokkenen in het project dienen zich niet alleen betrokken te voelen bij hun eigen activiteiten, maar vooral ook bij het hogere belang van het project als geheel en de organisatie. Dit draait om motivatie, commitment en organisatiecultuur. Een opdrachtgever kan hier aan bijdragen door de businesscase rechtstreeks uit te dragen aan alle projectmedewerkers en hun vragen te beantwoorden. Het directe contact met de drager van de businesscase en aangesproken worden op ieders eigen bijdrage aan het hogere organisatiebelang werkt voor projectmedewerkers nu eenmaal stimulerend – in elk geval een stuk stimulerender dan door een teamleider op taakniveau te worden aangestuurd zonder het waarom echt te begrijpen. Wanneer je als opdrachtgever op een kick-off meeting in een kwartier de businesscase toelicht, dan is dit misschien wel je best bestede kwartier van het project.
- Stimuleer ondernemerschap bij het projectmanagement. Een sterke verantwoordelijkheid van de projectmanager en zijn team voor de gehele fase van een project is hiervoor een voorwaarde. Het lijkt een paradox, maar juist het toestaan van toleranties aan de projectmanager draagt bij aan de oplossing. De projectmanager heeft dan immers een eigen bijsturingsbevoegdheid, kan binnen de toegestane toleranties snel reageren en weet dat hij op het totaalresultaat beoordeeld wordt. In die beoordeling van het totaalresultaat zal men een afwijking naar beneden ten opzichte van het budget uiteraard positiever moeten beoordelen dan het realiseren conform budget. Hier ligt een belangrijke verantwoordelijkheid voor de direct leidinggevende c.q. resourcemanager van de projectmanager, die het oordeel van de opdrachtgever een belangrijke rol zal moeten geven in zijn eigen beoordeling van de projectmanager.

Zo wordt het een uitdaging om te ruim geplande activiteiten beneden budget uit te voeren. De projectmanager hoeft de uren die hij bespaart op een te ruim geplande activiteit niet 'in te leveren' bij de opdrachtgever – dat zou voor velen geen uitdaging zijn – maar kan deze gebruiken om ruimte te creëren om onder zijn verantwoordelijkheid overschrijdingen op andere activiteiten binnen dezelfde fase op te vangen. De projectmanager kan medewerkers die een taak in kortere tijd uitvoeren dan deze gepland was publiekelijk complimenteren en toelichten waarom dit geen luxe is maar een noodzaak om tezamen een planning te halen.

- Een resourcemanager c.q. hiërarchisch leidinggevende die verantwoordelijk is voor de beoordeling van een projectmedewerker, kan ook een bijdrage leveren. Het is van groot belang het oordeel van de projectmanager over de medewerker in de beoordeling van de medewerker te betrekken en deze medewerker hierover vooraf te informeren. De relatie tussen projectmanager en projectmedewerker wordt hierdoor minder vrijblijvend. Daarnaast is het belangrijk de medewerker niet alleen te beoordelen op zijn eigen functioneren in het project. Door ook het resultaat van het project als geheel in de beoordeling van een projectmedewerker te betrekken, kan de identificatie van de medewerker met het projectbelang gestimuleerd worden. De medewerker die aan een te ruim geplande activiteit werkt, heeft zo ook langs deze weg een stimulans om na te gaan hoe hij de niet-benodigde uren productief kan inzetten dan wel aan de projectmanager te melden dat hij tijd over heeft.

■ 8.8 VERTRAGING IN DE BESLUITVORMING

Stagnerende besluitvorming lijkt een ongrijpbaar fenomeen: 'Als we er nog niet uit zijn, dan zijn we er nog niet uit.' Er kunnen verschillende oorzaken zijn, zoals onvoldoende draagvlak voor de businesscase of gebrek aan gebruikersbetrokkenheid waardoor weerstand ontstaat. Voor de voortgang van een project kan deze stagnatie ingrijpende gevolgen hebben: er ontstaan kostbare wachttijden, het draagvlak in de omgeving neemt af, de motivatie van betrokkenen daalt.

- Betrek belanghebbenden bij het uitwerken van de businesscase, bij het kwantificeren ervan en bij het toetsen of deze overeenstemt met de organisatiedoelstellingen. Hiermee voorkom je onnodige discussies tijdens de uitvoering. Mocht dit leiden tot de vaststelling dat er onvoldoende rechtvaardiging

of draagvlak is voor het project, dan is het uiteraard winst dat dit meteen bij aanvang blijkt.
- Betrek gebruikers die potentiële 'tegenstanders' kunnen zijn vroegtijdig in het specificeren van de te leveren (tussen)resultaten, om weerstand tijdens de uitvoering tegen te gaan.
- Zorg voor het juiste mandaat op het juiste niveau met passende toleranties om geen tijd te verliezen aan onnodig overleg en wachten.

> **Overtuigingskracht**
> Wellicht ten overvloede: natuurlijk zal ook veel afhangen van de rol van de opdrachtgever en van zijn overtuigingskracht om indien nodig besluitvorming af te dwingen in de projectomgeving.

■ 8.9 PRIJSOPDRIJVING DOOR EEN LEVERANCIER

Een laatste oorzaak van budgetoverschrijdingen is de afhankelijkheid van een leverancier of leveranciers. Zo'n afhankelijkheid kan ontstaan in een bestaande klant-leveranciersrelatie, wanneer de omschakeling naar een andere leverancier kostbaar is (bijvoorbeeld door verschillen in technologie of door bij de leverancier opgebouwde klantspecifieke kennis). Bij het aanbieden van aanvullende diensten kan de leverancier dan een zekere monopoliepositie innemen. Een ander voorbeeld is dat van aannemers die door kartelvorming de prijs kunstmatig opdrijven, waardoor het voor de opdrachtgever onmogelijk is tegen redelijke kosten aan te besteden. De antwoorden hierop liggen vooral op het gebied van uitbestedingsstrategie, leveranciersmanagement en contractmanagement, maar vallen buiten het bestek van dit boek.

Noten bij Hoofdstuk 8

[17] Soms wordt de term scope creep gebruikt als algemene aanduiding van alle vormen van budget- en planningsoverschrijding. Om niet alle factoren op een hoop te gooien, wordt scope creep in de tekst gebruikt in de oorspronkelijke betekenis: geleidelijke verschuiving en/of uitbreiding van de afbakening van een project.

[18] Mocht je als opdrachtgever overwegen om zelf aan zo'n workshop deel te nemen, weeg dan het voordeel van directe deelname af tegen het nadeel dat je niet meer onafhankelijk bent wanneer je het resulterende plan wilt toetsen.

Tot slot

Ook al volg je alle principes en tips uit dit boek, in een complexe, snel veranderende en nooit volledig bekende omgeving zal een project meestal anders lopen dan je dacht. Houd daarbij voor ogen dat het ook niet noodzakelijk is om een project volledig volgens planning en budget te laten verlopen: het gaat er vooral om dat je, te midden van veranderingen, samen met belanghebbenden blijft sturen op het optimaal ondersteunen van de organisatiedoelstellingen. Ik hoop dat dit boek je daarbij steun geeft en mag inspireren.

Woordenlijst

Deze woordenlijst bevat alle in dit boek gebruikte vaktermen met hun meest gebruikte synoniemen (zowel Nederlandstalige als Engelstalige) en hun definities. Voor elk synoniem is een afzonderlijk lemma opgenomen met verwijzing naar de in dit boek gehanteerde voorkeursterm. Prince2-termen (zowel de Nederlandstalige als Engelstalige) zijn aangegeven met een ^{p}, ISO 21500-termen (uitsluitend Engelstalig) met een ^{i}. Als Prince2-termen worden al die termen beschouwd die in de Prince2-literatuur gebruikt worden, dus niet alleen de formeel gedefinieerde begrippen. Het dienovereenkomstige geldt voor de ISO 21500-termen.

afbakening – zie *scope*.
afwijking^p (*deviation*^{p}) – verschil tussen werkelijkheid en baseline.
afwijking buiten toleranties^p (*exception*^{p}) – een situatie waarin er een afwijking is dan wel verwacht kan worden dat er een afwijking zal ontstaan die buiten de afgesproken toleranties gaat. Dit kan op ieder besturingsniveau van toepassing zijn: tussen teammanager en projectmanager, tussen projectmanager en stuurgroep of tussen stuurgroep en hoger management.
afwijkingsplan^p (*exception plan*^{p}) – plan om een fase c.q. het gehele project op een gewijzigde manier of onder gewijzigde voorwaarden voort te zetten. Vervangt het geldende faseplan of projectplan.
afwijkingsrapport^p (*exception report*^{p}) – rapport van de projectmanager aan de stuurgroep, waarin hij meldt (en onderbouwt) dat hij het niet meer haalbaar acht de projectfase binnen de afgesproken toleranties uit te voeren en advies geeft over hoe het project voortgezet kan worden.
approver^p – zie *goedkeurder*.
assurance^{ip} – zie *borging*.
baat^p (*benefit*^{ip}) – effect van een project dat door een belanghebbende als positief wordt gezien.

baseline[ip] – vastgelegde positie of situatie, waarmee latere posities of situaties vergeleken kunnen worden. Producten die na toepassing van de juiste kwaliteitscontrole zijn goedgekeurd, zijn onderdeel van de baseline. Alle producten die onderdeel zijn van de baseline dienen onderworpen te zijn aan configuratiemanagement om te bewaken dat de betreffende versie van het product niet meer ongecontroleerd veranderd wordt.

bateneigenaar (benefit owner) – degene die verantwoordelijk is en zich verantwoordelijk voelt voor de realisatie van een specifieke baat.

belanghebbende[p] (stakeholder[ip]) – een persoon, groep of organisatie die het project kan beïnvloeden, wier belang door het project geraakt wordt of die van mening is dat zijn belang door het project geraakt wordt.

borging[p] (assurance[ip]) – mechanisme dat zorgt dat, wanneer iets misgaat, correctieve maatregelen genomen kunnen worden. Belangrijk is dat het borgingsmechanisme een zekere mate van onafhankelijkheid heeft ten opzichte van hetgeen geborgd wordt.

business assurance – zie zakelijke borging.

business product[p] – zie businessproduct.

businesscase[ip] (zakelijke rechtvaardiging, nut en noodzaak) – rechtvaardiging of motivatie van een project, toelichting hoe het project bijdraagt aan de organisatiedoelstellingen. Basis voor besluitvorming over start en voortzetting van het project.

businessproduct[p] (deliverable[i], specialistisch product[p], specialist product[p], business product[p]) – door het project opgeleverd product ten behoeve van de organisatie, het soort product waar het project uiteindelijk om begonnen is, als tegengestelde van *managementproduct*.

businessresultaat – datgene wat een project vanuit businessperspectief oplevert, rekening houdend met alle met het project samenhangende effecten op de bedrijfsvoering; vergelijk met projectresultaat.

change authority[p] – zie *wijzigingsautoriteit*.

change budget[p] – zie *wijzigingsbudget*.

change control[ip] – zie *wijzigingsbeheer*.

change request[ip] – zie *wijzigingsverzoek*

communicatiemanagementstrategie[p] – zie *communicatieplan*.

communicatieplan (communicatiemanagementstrategie[p], communication management strategy[p]) – plan dat beschrijft hoe met de belanghebbenden en geïnteresseerden gecommuniceerd zal worden.

communication management strategy[p] – zie *communicatieplan*.

configuratiemanagement[p] (configuration management[p]) – het zodanig beheren van producten dat altijd duidelijk is welke producten er zijn en wat hun status is.

configuration management[ip] – zie *configuratiemanagement*.
customer's quality expectations[p] – zie *kwaliteitsverwachtingen van de klant*.
deliverable[i] – zie *product*.
eindproduct – zie *projectresultaat*.
end project report[p] – zie *projecteindrapport*.
end stage report[p] – zie *fase-eindrapport*.
exception[p] – zie *afwijking buiten de toleranties*[p].
exception plan[p] – zie *afwijkingsplan*[p].
exception report[p] – zie *afwijkingsrapport*.
executive[p] – zie *opdrachtgever*.
extern product[p] (external product[p]) – product dat buiten de scope van het project valt, maar dat noodzakelijk is om een of meer producten te leveren die binnen de scope van het project vallen (interne producten). Externe producten zijn bestaande producten of producten die geleverd moeten worden door bijvoorbeeld de lijnorganisatie of andere projecten.
external product[p] – zie *extern product*.
faseplan[p] (stage plan[p]) – gedetailleerd plan voor het managen van een fase, met planning en kosten.
faserapport (fase-eindrapport[p], stage report[p]) – verslag van een fase van het project, waarin onder meer de verschillen worden toegelicht tussen het oorspronkelijke faseplan en de uiteindelijke realisatie.
gebruikersborging (user assurance) – borging gericht op functionele kwaliteit en gebruikersbelangen, een verantwoordelijkheid van de seniorgebruiker.
gebruikersvertegenwoordiger – zie *seniorgebruiker*.
goedkeurder[p] (approver[p]) – persoon of groep die bevoegd is te beslissen dat een product gereed is (een product vrij te geven).
highlight report[p] – zie *voortgangsrapportage*.
hoofdpuntenrapportage[p] – zie *voortgangsrapportage*.
initiatiefase[p] (initiation stage[p]) – eerste fase van een project, gericht op het in detail uitwerken van onder meer planning, budget, risicomanagement en businesscase.
initiation stage[p] – zie *initiatiefase*.
intern product[p] (internal product[p]) – product dat binnen de scope van het project valt, tegenovergestelde van extern product. NB: een product dat onder verantwoordelijkheid van de projectmanager door een externe leverancier geleverd wordt, is een intern product.
internal product[p] – zie *intern product*.
issue log[i] – zie *issuelog*.
issue register[p] – zie *issuelog*.

*issue report*ᵖ – zie *issuerapport*.

*issue*ⁱᵖ – onverwachte gebeurtenis met relevante impact op het project, zoals een wijzigingsverzoek, een probleem in de uitvoering, of een klacht, zorg of vraag die een reactie behoeft.

issuelog (issue registerᵖ, issue logⁱ, issuelogboek) – een registratie van alle issues met per issue een beschrijving van de impact, het besluit dat er over genomen is en de huidige status.

*kwaliteit*ᵖ (qualityⁱᵖ) – de mate waarin de eigenschappen van een product overeenkomen met de expliciete of impliciete verwachtingen van degenen die het product gebruiken.

*kwaliteitsmanagementstrategie*ᵖ – zie *kwaliteitsplan*.

kwaliteitsplan (quality planⁱ, kwaliteitsmanagementstrategieᵖ, quality management strategyᵖ) – plan dat de belangrijkste kwaliteitseisen, kwaliteitscontrole, kwaliteitsverantwoordelijkheden en auditprocessen beschrijft, die van toepassing zijn op projectmanagement en opgeleverde producten.

*kwaliteitsregister*ᵖ (kwaliteitslogboek, quality registerᵖ, quality log) – overzicht van alle geplande en gehouden reviews, tests en andere controles.

*kwaliteitsreview*ᵖ (quality reviewᵖ, quality inspection) – kwaliteitscontrole gericht op het vaststellen van de kwaliteit van een product. Het belangrijkste referentiekader hierbij is de productbeschrijving.

*kwaliteitsverwachtingen van de klant*ᵖ (customer's quality expectationsᵖ) – beschrijving van de verwachte kwaliteit van het eindproduct, vastgelegd in de productbeschrijving van het eindproduct.

*leerpunten*ᵖ (lessonsᵖ) – geleerde lessen die nuttig zijn om toe te passen in een volgende fase van het project en/of in volgende projecten.

*lessons*ᵖ – zie *leerpunten*.

leveranciersborging (supplier assurance) – borging gericht op het leveren van producten conform specificatie, een verantwoordelijkheid van de seniorleverancier.

*management by exception*ᵖ – zie *sturen op uitzonderingen*.

*management product*ᵖ – zie *managementproduct*.

*management stage*ᵖ – zie *managementfase*.

*managementfase*ᵖ (management stageᵖ) – deel van het project waarvoor de stuurgroep een budget ter beschikking stelt aan de projectmanager.

*managementproduct*ᵖ (management productᵖ) – door het project opgeleverd product dat alleen maar nodig is om het project te kunnen besturen, bijvoorbeeld een faseplan of een voortgangsrapportage, als tegengestelde van businessproduct.

mijlpaal (milestone) – belangrijk punt in een planning, zoals de oplevering van een belangrijk tussenproduct of de afronding van een fase.

milestone – zie *mijlpaal*.
opdrachtgever (executive[p], project sponsor[i]) – degene die namens de permanente (lijn)organisatie verantwoordelijk is voor de besturing van de tijdelijke (project)organisatie, vertegenwoordiger van de zakelijke belangen in de besturing van een project, eindverantwoordelijk voor de realisatie van de businesscase van het project. NB: ISO 21500 gebruikt de term *project sponsor* in de betekenis van *opdrachtgever*, in veel Nederlandse organisaties en in dit boek heeft de term *sponsor* een andere betekenis, zie *sponsor*.
plateau (tranche) – fase van een programma gericht op het bereiken van een bepaalde samenhangende businessresultaten.
product description[p] – zie *productbeschrijving*.
product-based planning[p] – zie *productgerichte planning*.
productbeschrijving[p] (product description[p]) – een beschrijving van het doel, de samenstelling, de herkomst en de kwaliteitseisen van een product.
productgerichte planning[p] (product-based planning[p]) – planningstechniek die de basis verschaft voor het planningsproces, om te verzekeren dat alle relevante onderdelen van een plan (zoals een scopebeschrijving, lijst van te leveren producten, kwaliteitseisen, planning, kosten) op consistente wijze gerelateerd zijn aan dezelfde producten, een voorwaarde voor objectieve voortgangsmeting.
product[p] (deliverable[i]) – ieder tastbaar (deel)resultaat van een project ten behoeve van gebruikers. Dit kan een eindproduct zijn of een tussenproduct dat nodig is om andere producten te kunnen leveren.
programma[ip] (programme[p]) – tijdelijke organisatie gericht op het realiseren van een strategisch doel, in het kader waarvan een aantal projecten wordt bestuurd en lijnactiviteiten worden gecoördineerd.
programme[p] – zie *programma*.
progress report[i] – zie *voortgangsrapportage*.
project[ip] – tijdelijke organisatie gericht op het opleveren van een vooraf gedefinieerd resultaat, met beperkte middelen en binnen beperkte tijd.
project approach[p] – zie *projectaanpak*.
project assurance[p] – zie *projectborging*.
project brief[p] – zie *projectvoorstel*.
project charter[i] – zie *projectopdracht*.
project initiation documentation[p] – zie *projectinitiatiedocumentatie*.
project manager[ip] – zie *projectmanager*.
project plan[p] – zie *projectplan*.
project product[p] – zie *projectresultaat*.
project sponsor[i] – zie *opdrachtgever*.
project support[p] – zie *projectondersteuning*.

*projectaanpak*ᵖ (project approachᵖ) – beschrijving van de manier waarop het project in hoofdlijnen zal worden aangepakt, bijvoorbeeld iets bestaands aanpassen of iets geheel nieuws ontwikkelen, eerst een pilot doen of direct het projectproduct ontwikkelen, zelf doen of uitbesteden.

*projectborging*ᵖ (project assuranceᵖ) – verantwoordelijkheid van de stuurgroep om erop toe te zien dat het project correct wordt uitgevoerd.

*projecteindrapport*ᵖ (end project reportᵖ) – verslag van het project, dat de overdracht van alle producten bevestigt en beschrijft hoe het project gegaan is in vergelijking met de oorspronkelijke projectinitiatiedocumentatie.

*projectinitiatiedocumentatie*ᵖ (project initiation documentationᵖ, PIDᵖ, project planⁱ) – documentatie op basis waarvan de stuurgroep besluit de eerste uitvoeringsfase van het project te starten; deze bevat onder meer een beschrijving van de businesscase, afbakening, aanpak, projectdoelen, planning en fasering, projectorganisatie, risico-inventarisatie, kwaliteitsplan en communicatieplan.

*projectmanager*ᵖ (project managerⁱᵖ) – degene die verantwoordelijk is voor de dagelijkse leiding van het project om de vereiste producten op te leveren binnen de met de stuurgroep overeengekomen randvoorwaarden.

*projectondersteuning*ᵖ (project supportᵖ) – administratieve rol ter ondersteuning van de projectmanager.

*projectplan*ᵖ (project planⁱᵖ) – globaal plan voor de oplevering van producten gedurende het project met planning en kosten.

*projectproduct*ᵖ – zie *projectresultaat*.

projectresultaat (projectproductᵖ, eindproduct, project productᵖ) – door de projectmanager op te leveren tastbaar eindresultaat van het project; vergelijk met businessresultaat.

projectopdracht – zie *projectvoorstel*.

*projectvoorstel*ᵖ (project briefᵖ, projectopdracht) – document op basis waarvan de stuurgroep besluit de initiatiefase te starten.

*quality*ᵖ – zie *kwaliteit*.

quality inspection – zie *kwaliteitsreview*.

quality log – zie *kwaliteitsregister*.

*quality management strategy*ᵖ – zie *kwaliteitsmanagementstrategie*.

*quality plan*ⁱ – zie *kwaliteitsplan*.

*quality register*ᵖ – zie *kwaliteitsregister*.

*quality review*ᵖ – zie *kwaliteitsreview*.

*request for change*ᵖ – zie *wijzigingsverzoek*.

*reviewer*ᵖ – persoon of groep die de kwaliteit van een product toetst op basis van de productbeschrijving.

*risico-eigenaar*ᵖ (risk ownerᵖ) – persoon verantwoordelijk voor de monitoring van een specifiek risico en het managen van de noodzakelijke risicomaatregelen.

*risicomanagementstrategie*ᵖ (risk management strategyᵖ) – deel van de PID dat beschrijft hoe de risico's gemanaged zullen worden, met onder meer procedures, rollen en verantwoordelijkheden, toleranties en technieken.

*risico*ᵖ (riskᵖ) – onzekerheid met betrekking tot het resultaat, positief (kans) of negatief (bedreiging).

*risicoregister*ᵖ (risk registerⁱᵖ, risk log, risicologboek) – logboek waarin de projectmanager de status van alle bekende risico's bijhoudt, inclusief de getroffen maatregelen om ze te beheersen.

*risk*ⁱᵖ – zie *risico*.

risk log – zie *risicoregister*.

*risk register*ⁱᵖ – zie *risicoregister*.

*risk-owner*ᵖ – zie *risico-eigenaar*.

*scope*ⁱᵖ (afbakening) – het totaal van de door een project op te leveren producten.

scope creep – geleidelijke verschuiving of uitbreiding van de scope van een project.

*senior supplier*ᵖ – zie *seniorleverancier*.

*senior user*ᵖ – zie *seniorgebruiker*.

*seniorgebruiker*ᵖ (senior userᵖ) – vertegenwoordiger van gebruikers in de stuurgroep, verantwoordelijk voor de kwaliteit van de specificaties van het te leveren product en voor het na ingebruikname van het product realiseren van de beoogde baten. Met 'gebruikers' worden al diegenen bedoeld die belang hebben bij de functionaliteiten van het projectproduct, omdat zij dit zullen gebruiken, bewonen, beheren of inspecteren.

*seniorleverancier*ᵖ (senior supplierᵖ) – vertegenwoordiger van leveranciers in de stuurgroep, verantwoordelijk voor levering van het product conform eisen.

*specialist product*ᵖ – zie *businessproduct*.

sponsor – persoon of organisatie die in een project investeert, maar zich niet actief met de besturing bezighoudt; vergelijk met *opdrachtgever*.

*stage*ᵖ – zie *managementfase*.

*stage plan*ᵖ – zie *faseplan*.

*stakeholder*ⁱᵖ – zie *belanghebbende*.

sturen op uitzonderingen (sturen op afwijkingenᵖ, management by exceptionᵖ) – manier van besturen waarbij de projectmanager een mandaat krijgt om binnen afgesproken grenzen (toleranties) de afgesproken doelen te realiseren en alarm moet slaan wanneer de uitvoering buiten deze grenzen dreigt te treden.

*stuurgroep*ᵖ (project steering committeeⁱ, project boardⁱᵖ) – besturend orgaan, voorgezeten door de opdrachtgever, dat eindverantwoordelijk is voor het project en de projectmanager aanstuurt.

supplier assurance[p] – zie *leveranciersborging*.

teammanager[p] (team manager[p]) – verantwoordelijke voor de levering van één of meer producten als onderdeel van een project, rapporterend aan de projectmanager; ook wel aangeduid als deelprojectleider.

tolerance(s)[p] – zie *tolerantie(s)*.

toleranties[p] (tolerances[p]) – toegestane afwijkingen ten opzichte van gestelde doelen (planning, budget of andere).

tranche – zie *plateau*.

user assurance – zie *gebruikersborging*.

voortgangsrapportage (progress report[i], highlight report[p], hoofdpuntenrapportage[p]) – periodieke rapportage van de projectmanager aan de stuurgroep over de voortgang van de lopende fase in vergelijking met het faseplan. NB: veel organisaties hanteren de term *voortgangsrapportage* in deze zin, echter volgens de officiële Prince2-vertaallijst is een *voortgangsrapport* een rapportage van de teammanager aan de projectmanager en een *hoofdpuntenrapportage* een rapportage van de projectmanager aan de stuurgroep.

werkpakket[p] (work package[p]) – volledig en eenduidig gespecificeerde taak die door de projectmanager wordt uitbesteed aan een leverancier, (deel)projectleider of individuele medewerker, gericht op het tot stand brengen van een of meer producten. Omvat een of meer productbeschrijvingen plus de afspraken over de voorwaarden waaronder het werk moet worden uitgevoerd, zoals budget, planning en rapportageafspraken.

wijzigingsautoriteit[p] (change authority[p]) – door de stuurgroep aangewezen persoon of commissie die bevoegd is binnen bepaalde grenzen besluiten te nemen over wijzigingen binnen het project.

wijzigingsbeheer[p] (change control[ip]) – procedure die zorgt dat alle wijzigingsverzoeken en aandachtspunten goed worden afgehandeld.

wijzigingsbudget[p] (change budget[p]) – budget toegekend aan de wijzigingsautoriteit om te besteden aan goedgekeurde wijzigingsverzoeken.

wijzigingsverzoek[p] (change request[i], request for change[p]) – voorstel om de geldende specificaties (baseline) van een product te wijzigen. Zie ook *issue*.

zakelijke borging (business assurance) – borging met betrekking tot het realiseren van de businesscase. Zakelijke borging is een verantwoordelijkheid van de opdrachtgever.

Literatuurlijst

Akker, Ad van den (2002), *PRINCE2 Compact*, Heeswijk-Dinther, Lagant Management Consultants

Blijsie, Jeroen en Annet Noordijk (2008), *Hartelijk gefaciliteerd! Succesvol veranderen met de workshopaanpak*. Alphen aan den Rijn, Kluwer

Bos, Jo en Harting, Ernst (2006), *Projectmatig Creëren 2.0*, Schiedam, Scriptum Books

Bradley, Gerald (2010), *Benefit Realisation Management, A Practical Guide to Achieving Benefits through Change*, Farnham, Gower

Butrick, Robert (2012) *White Paper: PRINCE2 and the National and International Standards*, London, The Stationery Office

Campen, Chretien van, e.a. (red.) (2012), *Sturen op geluk. Geluksbevordering door nationale overheden, gemeenten en publieke instellingen*, Den Haag, Sociaal en Cultureel Planbureau

Covey, Stephen (1993), *De zeven eigenschappen van effectief leiderschap*, Amsterdam, Business Contact

Flyvbjerg, Bent, Nils Bruzelius, Werner Rothengatter (2003), *Megaprojects and Risk: An Anatomy of Ambition*, Cambridge University Press

Garland, Ross (2009), *Project Governance, A practical guide to effective project decision making*, London, Kogan Page

Goldratt, Eliyahu M. (1999), *De Zwakste Schakel*, Utrecht, Het Spectrum

Hedeman, Bert, Gabor Vis van Heemst, Roel Riepma (2008), *Projectmanagement op basis van NCB versie 3*, Zaltbommel, Van Haren Publishing

Hedeman, Bert, Gabor Vis van Heemst en Hans Fredriksz (2009), *Projectmanagement op basis van PRINCE2 – PRINCE2 Editie 2009*, Zaltbommel, Van Haren Publishing

Kahnemann, Daniel (2011), *Ons feilbare denken*, Amsterdam, Business Contact

Kniberg, Henrik (2007), *Scrum and Extreme Programming from the Trenches, How we do Scrum*, New York, C4Media

Kotter, John P. (1997), *Leiderschap bij verandering*, BIM Media BV

Kuhlmann, Marcel en Brigitte Hoogendoorn (2008), *Implementatiekunst*, Schiedam, Scriptum

Leeuwen, Hans van, en Hans van Leeuwen (2009), *Organisaties veranderen met programma's*, Zaltbommel, Van Haren Publishing

Molen, Michiel van der (2013), *Batenmanagement draait om mensen. Hoe je veranderinitiatieven naar duurzaam succes stuurt*, Culemborg, Van Duuren Management

Molen, Michiel van der (2013), *Waarom doen we dit eigenlijk? De businesscase als succesfactor voor projecten, 2^e druk*, Culemborg, Van Duuren Management

OGC – Office of Government Commerce (2009), *Directing Successful Projects with PRINCE2™*, London, The Stationery Office

OGC – Office of Governement Commerce (2007), *Managing Successful Programmes (MSP)*, London, The Stationery Office

Oosterhout, Dees van (2010), *Procesregie. Creatief sturen op gedragen besluitvorming*, Tiel, Van Duuren

Parkinson, C.N. (1958), *Parkinson's Law*, London, John Murray

Pink, Daniel H. (2010), *Drive, De verassende waarheid over wat ons motiveert*, Amsterdam, Business Contact

Pirsig, Robert (1991), *Lila*, New York, Bantam Books

Wilde, Rob de, en Antonie van Nistelrooij (2012), *Praktijkboek Large Scale Intervention, Werken aan verbinding en verandering met Whole Scale Change-principes en -technieken*, Alphen aan den Rijn, Kluwer.

Zandhuis, Anton en Rommert Stellingwerf (2013), *ISO 21500 – A Pocket Guide*, Zaltbommel, Van Haren Publishing

Over de auteur

Michiel van der Molen heeft ervaring met veranderingen in de rollen van opdrachtgever, project- en programmamanager, manager projectmanagement, adviseur, trainer en auditor. Sinds 2007 werkt hij vanuit zijn bedrijf Van der Molen Projectadvies BV voor directies en middenmanagement van grote bedrijven in Nederland en de buurlanden, gespecialiseerd in de verbetering van de besturing van projecten. Hij is medeoprichter van Molen & Molen v.o.f., waar hij zijn expertise inzet om bedrijven te helpen met de transitie naar duurzaam ondernemen. Hij schreef naast dit boek onder meer *Waarom doen we dit eigenlijk? De businesscase als succesfactor voor projecten* en *Batenmanagement draait om mensen. Hoe je veranderinitiatieven naar duurzaam succes stuurt.*

Index

A
acceptatiecriteria   96
ad-hocbesluiten   62
afwijkingsplan   40
afwijkingsrapportage   40
alarmgrenzen   35
autonomie   88

B
baten   79
bateneigenaarschap   80
bateneigenaren   22
batenkaart   81
batenmanagement   21, 80
- voordelen   88
batenmodellering   79
batenrealisatie   85
batenworkshops   81
beroepsopdrachtgevers   48
beslismomenten   40
besluitvorming   37
- stagnatie   127
bevoegdheden   46
budget   31
budgetoverschrijdingen   119
business assurance   57
businesscase, deel de
   (Principe 1)   4

businesscase   4
- valide   36
businesscase - kwaliteitsbeoordeling   111
businessmanagement   11
businessresultaat   4
businessverantwoordelijkheden   11

C
commitment   34
continuïteitsprojecten   6

D
documenten   111
draagvlak   29

E
eigenaarschap   12
eigenaarschap, organiseer
   (Principe 2)   3
enabler-projecten   7
externe leverancier   51

F
faseplan   32, 39
functionele kwaliteit   30

G

gebruikers   121
   - vertegenwoordiging   49
gebruikersborging   57
gebruikersinvloed   100
gebruikersvertegenwoordiger   50
geplande besluiten   61

I

ICB version 3   65
individuele
   verantwoordelijkheden   20
initiatiefase   37
International Project Management
   Association (IPMA)   65
intrinsieke motivatie   87
IPMA   65
IPMA - competentieniveaus   65
ISO 21500 richtlijn voor
   projectmanagement   xvi, xvii, 131

K

kick-off meeting   100
kwaliteit   30, 91
   - technische   30
   - reviewer   93
kwaliteitsbeoordeling   93
kwaliteitslogboek   99
kwaliteitsplan   97
   - stuurinstrumenten   94
kwaliteitsverwachtingen   96
   - verantwoordelijkheden   92

L

leveranciers
   - vertegenwoordiging   51
leveranciersbegroting   31

leveranciersberaad   51
leveranciersborging   58

M

management by exception   59
managementfasen   35
mandaat   35, 38
meesterschap   88
MoSCoW-principe   109

N

NCB versie 3   65
noodzakelijke projecten   6

O

onzekerheden   103
opdrachtgever
   - gedrag   18
   - projecteigenaar   13
opdrachtgeversbegroting   31
opdrachtgeverschap   1
   - delegeren   46
   - vier aandachtsgebieden   2
opdrachtgeversrol   45
optimism bias   120

P

Parkinson, wet van   125
partnership   55
plan   113
   - kwaliteitsbeoordeling   113
planning,
   productgebaseerd   32
preventieve maatregel   73
Prince2   xvii, 131
Prince2 Foundation examen   65
Prince2 Practitioner examen   65

Index

P
product 27
Producten, richt je op (Principe 3) 3
productbeschrijving 93, 98
productgebaseerde planning 32
productgerichte aanpak 30
projectbeheersing 123
projectborging 23, 56, 94
projectinitiatiedocumentatie 37
projectmanager
- aansturen 63
- verantwoordelijkheid 34
- bevoegdheden 68
projectomgeving 122
projectplan 32
projectoleranties 46

Q
quality assurance 94
quality creep 122

R
rapportage 35
risico 22, 103
risico-actiehouder 105
risicoanalyse - bottom-up 103
risicoanalyse - top-down 104
risico-eigenaar 22, 105
risicomanagement 23

S
schijnproducten 28
scope creep 47
seniorgebruiker 15
- gedrag 18
seniorleverancier 16
- gedrag 18
specialisten 122

T
technische kwaliteit 30
toleranties 35, 69, 109

U
user assurance 57

V
verantwoordelijkheid,
geef de projectmanager
(Principe 4) 3
verplichte projecten 6
verwachtingsmanagement 99
voortgang 31
voortgangsmeting 31
voortgangsrapportage 39
- kwaliteit 115

W
waardecreatieproces 81
wijzigingsmanagement 106

Z
zakelijke borging 57
zingeving 88

stakeholderrelatiematrix 21
structureel optimisme 120
sturen op uitzonderingen 35, 59
stuurgroep 14, 45
- besluiten 61
stuurgroeprollen 18
stuurgroepsamenstelling 15
supplier assurance 58
system integrator 51

145